本書で使用する写真

TOEIC® Speaking & Writing Tests では、以下の問題形式で写真(カラーもしくはモノクロ)を使用します。

- Speaking Test Questions 3-4: Describe a picture
- Writing Test Questions 1-5: Write a sentence based on a picture

各写真の左上にあるページ番号は、その写真を使用する設問の掲載ページを示しています。

Unit 1 Speaking Test

Q3 (28ページ、68ページ、70ページ、74ページ)

Q4 (29ページ)

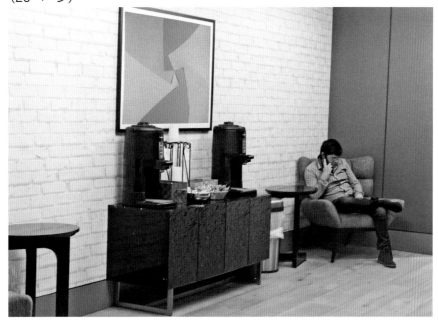

Unit 1 Writing Test

Q1 （38ページ）

on / table

Q2 （39ページ）

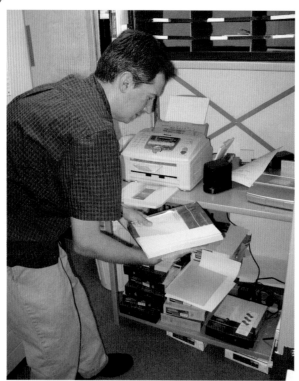

man / pick up

Q3 （40ページ）

push / street

Q4 （41ページ、148ページ、151ページ）

wait / because

Q5 （42ページ）

map / in order to

Unit 2　Speaking Test　Q3-4 その他の表現例

（72ページ）

（73ページ）

Unit 2 Speaking Test 練習1

Q3 （78ページ）

Q4 （79ページ）

Unit 2 Speaking Test 練習2

Q3 （80ページ）

Q4 （81ページ）

Unit 2 Writing Test 練習1

Q1 （153ページ）

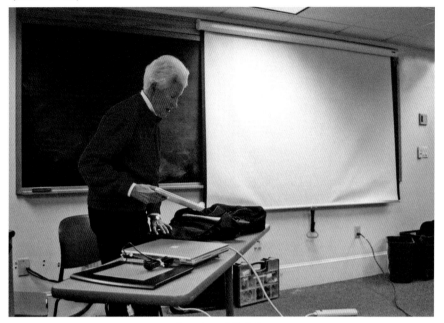

teacher / finish

Q2 （154ページ）

boat / water

Q3 （154 ページ）

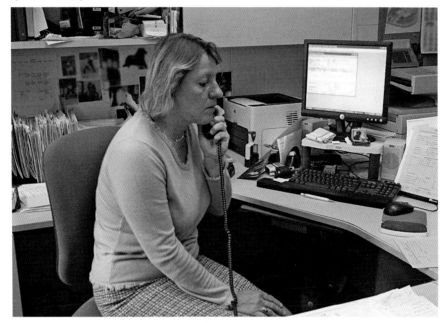

on / telephone

Q4 （155 ページ）

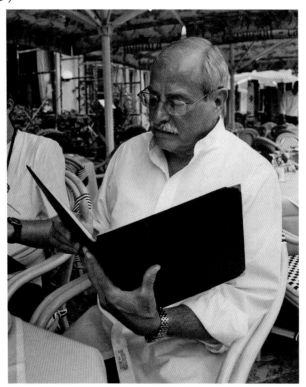

order / after

Q5 （155 ページ）

when / passenger

Unit 2 Writing Test 練習2

Q1 （156ページ）

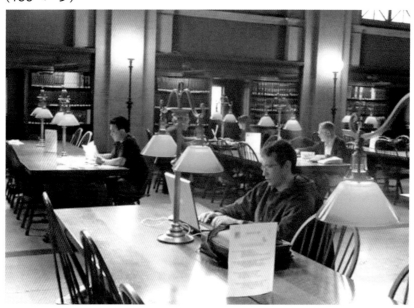

lamp / on

Q2 （157 ページ）

sit / and

Q3 （157 ページ）

several / woman

Q4 （158 ページ）

walk / while

Q5 （158 ページ）

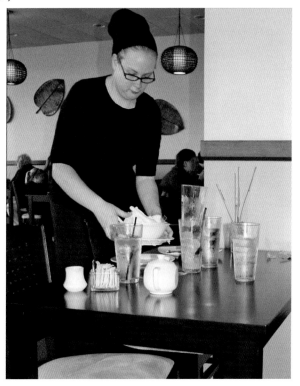

table / after

Unit 3 実践テスト1 Speaking Test

Q3 （214ページ）

Q4 （215ページ）

Unit 3 実践テスト1 Writing Test

Q1　（224ページ）

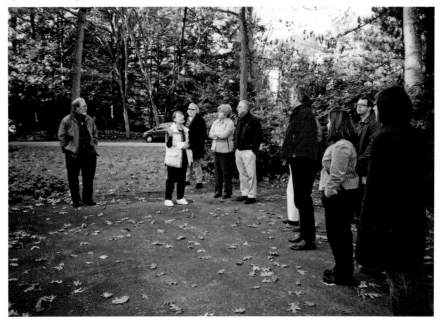

group / listen

Q2　（225ページ）

fix / bicycle

Q3 （226ページ）

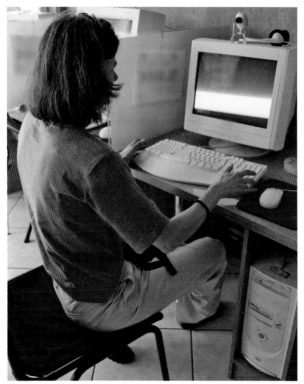

sit / at

Q4 （227ページ）

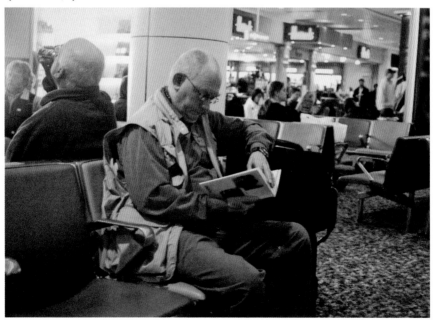

book / while

Q5 （228ページ）

taxi / until

Unit 3 実践テスト2 Speaking Test

Q3 （236ページ）

Q4 （237ページ）

Unit 3 実践テスト2 Writing Test

Q1 （246ページ）

work / store

Q2 （247ページ）

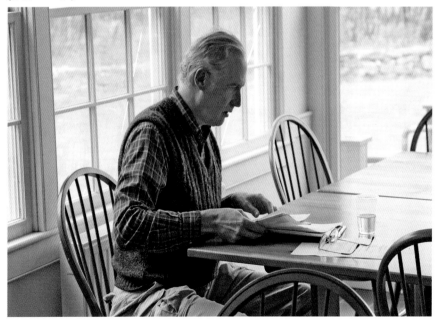

sit / and

Q3 （248ページ）

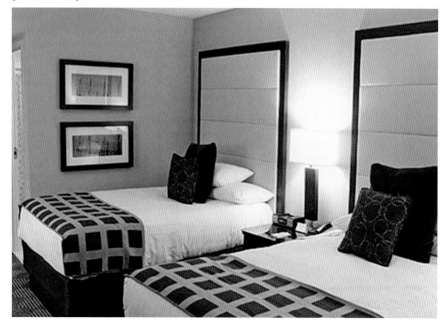

bed / next to

Q4 （249ページ）

until / train

Q5 （250ページ）

measure / because

公式 TOEIC®
Speaking & Writing
ワークブック

一般財団法人 国際ビジネスコミュニケーション協会

音声ファイルについて

本書で扱う音声ファイルは、専用サイトでダウンロード・再生することができます。

音声ダウンロードの手順：　　　　　　　※株式会社 Globee が提供するサービス abceed への会員登録（無料）が必要です。

1．パソコンまたはスマートフォンで音声ダウンロード用のサイトにアクセスします。
　　右の QR コードまたはブラウザから下記にアクセスしてください。

　　　　　　https://app.abceed.com/audio/iibc-officialprep

2．表示されたページから、abceed の新規会員登録を行います。既に会員の場合は、ログイン情報を入力して上記 1. のサイトへアクセスします。

3．上記 1. のサイトにアクセス後、本教材の画像をクリックします。クリックすると、教材詳細画面へ移動します。

4．スマートフォンの場合は、アプリ「abceed」の案内が出ますので、アプリからご利用ください。
　　パソコンの場合は、教材詳細画面の「音声」からご利用ください。

　　※音声は何度でもダウンロード・再生ができます。

ダウンロードについてのお問い合わせは下記にご連絡ください。

Ｅメール：support@globeejphelp.zendesk.com
　　　　　　（お問い合わせ窓口の営業日：祝日を除く、月～金曜日）

はじめに

　TOEIC® Speaking & Writing Tests（以下、TOEIC® S&W）は、スピーキングとライティングという英語での発信力を直接的に測定・評価する必要性の高まりに応え、TOEIC® Program の各テストを開発・制作する非営利テスト開発機関、ETS が開発しました。

　TOEIC® Listening & Reading Test と両方受験することで、英語でのコミュニケーションを効果的に行うために必要なリスニング、リーディング、スピーキング、ライティングの力を測定することができます。

　ETS は教育研究に携わる機関として、米国における公共テストの多くを開発・制作、実施するとともに、教育分野における調査研究など幅広い活動を行っています。

　本書は、TOEIC® S&W についてより深くご理解いただき、受験の準備をしていただくために、2015 年 12 月に『TOEIC® Speaking & Writing 公式 テストの解説と練習問題』というタイトルで発行された書籍を、内容を一部改訂して『公式 TOEIC® Speaking & Writing ワークブック』と改題し、刊行したものです。

　問題形式について詳しく知るだけでなく、解答までのプロセスに沿って学習し、高い評価を得る解答例を基に相手に伝わる表現や構成を学びます。合計でテスト 5 回分の問題と解答例、およびその訳を掲載し、それらを使った学習方法もご紹介しています。本書の音声は、音声ファイルをダウンロードして聞くことができます。本書をご利用いただくことで実践的なコミュニケーション能力の向上にもつなげることができるでしょう。

　TOEIC® S&W を受験される皆さまが、本書を通じてテストへの理解を深め、受験の際に実力を十分に発揮されることを願っております。

2022 年 11 月
一般財団法人 国際ビジネスコミュニケーション協会

目　次

Unit 1　トライアルテスト …………………………………… 23

Unit 2　各問題形式の詳しい解説と練習 ………………… 47

Unit 3　実践テスト ··· 209

TOEIC® Speaking & Writing Tests の特長

● **パソコンを利用して受験する**

TOEIC® Speaking & Writing Testsでは、パソコンを利用して音声を吹き込んだり文章を入力して解答します。

<テストの様子（イメージ）>

● **測定する能力**

Speaking Test

1. 英語のネイティブスピーカーや英語に堪能なノンネイティブスピーカーに理解しやすい言葉で話すことができる
2. 日常生活において、また仕事上必要なやりとりをするために適切に言葉を選択し、使うことができる（例えば、指示を与えたり受けたり、情報や説明を求めたり与えたり、購入、挨拶、紹介ができるなど）
3. 一般的な職場において、筋道の通った継続的なやりとりができる

Writing Test

1. 平易な文でも複雑な文でも、適切な語彙・語句を使用し、文法的に正しい文を作成できる
2. 簡単な情報、質問、指示、話などを伝えるために複数の文で構成される文章を作成することができる
3. 複雑な考えを表すために、状況に応じて理由、根拠、詳しい説明などを述べながら、複数の段落から構成される文章を作成することができる

● **特定の分野に関する特殊な知識は不要**

問題には一般的な場面やビジネスの場面が採用されています。特殊なビジネス英語や特定の業界・分野の知識を必要とする問題、特定の国の歴史や文化に関連する、固有の事象がわからなければ解答できない問題などは含まれていません。

≪受験のメリット≫

メリット 1 　実践力

「英語でアウトプットする」能力を測る

「意見を述べる問題」や「Eメール作成問題」など、実践的な場面での英語力が求められる問題です。

メリット 2 　即応力

即応力を試す

決められた短い時間の中で、質問に対して英語で即答しなければならない問題もあり、実社会ですぐに使える英語力を試すテスト内容です。

メリット 3 　英語力

実需に基づいた英語力を測る

円滑なコミュニケーションの妨げにならない限り、文法の間違いや発音ミスなどは減点対象にはなりません。与えられた課題に対して的確な内容で解答できているかどうか、また相手にわかりやすく伝えることができているかどうかを採点ポイントにしています。

メリット 4 　実践力のアピール

実践的な英語力をアピールする

英語でのコミュニケーション能力を測るものさしとして、就職活動や転職活動などにおいて、ご自身の英語力をアピールするためにご利用いただけます。

メリット 5 　学習の目標

学習を続けるための指標として利用する

英語のコミュニケーション能力の向上はなかなか実感できず、学習のモチベーションを維持することは難しいかもしれません。このテストを実際に「話す・書く」力の指標として、学習を続ける際の目標設定にもご利用いただけます。

本書の特長

特長 1

受験準備をしながら「使える」英語を着実に身につける

- さまざまな解答例や豊富な表現例を紹介。
- 解答例や表現例を使った練習方法など、実践的な英語力を養うための学習方法の提案。
- 解答作成のプロセスを解説。
- ETSが作成したテスト問題を、合計で充実の5回分掲載。
- ETS公式スピーカーによって録音されたDirectionsと設問の音声を収録。
- ETS作成の、最も高い採点スケールに相当する解答例を収録。

特長 2

4つのステップで段階的に準備を重ね、テストで実力を発揮する

TOEIC® S&W について

- **テストを知る**
  テストの概要、問題形式、採点方法、受験の流れなどを理解します。

Unit 1　トライアルテスト

- **テストを体験する**
  テスト1回分を、解答時間内で解き、テストを実際に体験するとともに、現時点での実力を確認しましょう。

Unit 2　各問題形式の詳しい解説と練習

- **各問題形式について知る、理解する、練習する**
  各問題形式について詳しく知り、解答作成のプロセスやポイント、使える表現などを学びます。解答例も例示され、より具体的な解説で確認できます。さらに各問題形式において、テスト2回分の練習問題に取り組めます。

Unit 3　実践テスト

- **理解をもとに再挑戦、実際のテストに備える**
  テスト2回分を解答時間内に解き、解答例と訳を使ってテスト準備を万全にします。

本書の構成

Unit 1　トライアルテスト　　　p.23 - 46

解答時間を計ってテスト問題を解いてみます。

● お手持ちの録音機器とパソコンを使って解答してください。後で見直す
ことができます。

※テストで使用する写真は、巻頭の **p. i-xx** にも掲載しています。
※ Speaking Test の音声ファイルには準備時間と解答時間が含まれています。
※各音声ファイルの最後の解答時間終了時には「ポーン」という合図音が入ってい
ますが、実際のテストではこの終了合図音は入りません。解答時間が終了したら、
画面に「Stop Talking」の表示が出て、次の問題に移ります。

● トライアルテストの設問は **Unit 2** で詳しく解説します。

※ Speaking Test の Questions 2、4、Writing Test の Questions 1、2、3、5、6 の解
答例と訳は、p. 276-277 に掲載しています。

Unit 2　各問題形式の詳しい解説と練習　　p.47-208

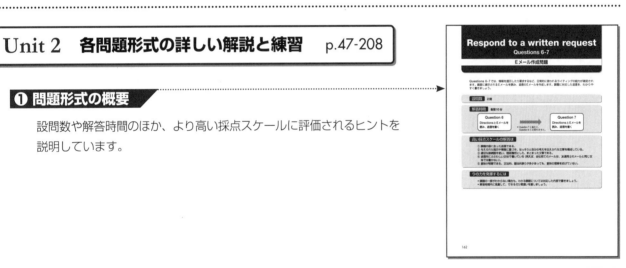

❶ 問題形式の概要

設問数や解答時間のほか、より高い採点スケールに評価されるヒントを
説明しています。

❷ テストでの画面の流れ

受験時に表示される画面に沿って、テストの進行を説明しています。

※実際の画面とは異なることがあります。

❸ 採点ポイント

採点スケールや採点ポイントについて説明しています。よく読み、どのような解答が高い評価を得るのかなど、評価についての理解に役立てましょう。

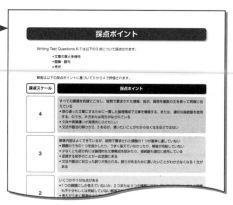

❹ 解答のプロセス

Unit 1 の設問を使って、解答作成の手順のほか、より評価の高い、相手に伝わる解答を作成するためのヒントや注意点なども紹介しています。

✅ …解答作成の各段階での注意点やヒント

📖 …問題形式全体に関わる注意点やヒント

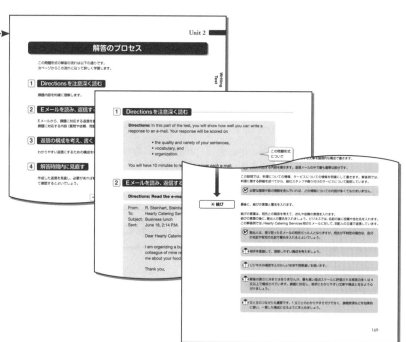

❺ 自分の解答の見直し

ここまでに学習したポイントに注意して、Unit 1 の自分の解答を見直し、修正してみましょう。解答作成のプロセスを再考したり、自分の解答と採点ポイントとを照らし合わせたりすると、改善点が見つかるでしょう。

❻ その他の表現例

解答する際に幅広く使える表現を、例文を使って紹介しています。テスト対策だけでなく、実際に英語で表現する場面でも役に立つでしょう。

※問題形式により、一部掲載内容が異なります。

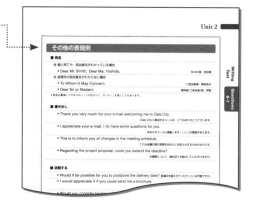

❼ 解答例の詳しい解説

解答例について、詳しく解説しています。文の構成や文章の流れ、効果的な表現など、最も高い採点スケールに相当する解答例について詳しく学習できます。

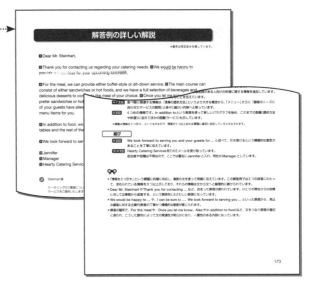

❀…解答例の全体的な評価

❽ この設問で使えるその他の表現例

解答例では使われていない、この設問に答える際に使えるその他の表現を例文で紹介しています。これらを学習することで、表現の幅をより広げることができます。

※問題形式により、一部掲載内容が異なります。

❾ その他の注意点など

解答するときの注意点、準備、練習方法などさまざまなヒントや、受験準備や受験の際に知っておくと効果的な情報が豊富に掲載されています。

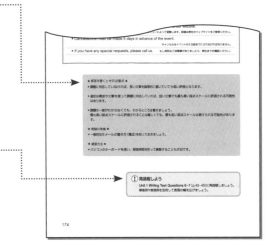

❿ トライアルテストに再挑戦

ここまでに理解したポイントを踏まえ、Unit 1 の問題をもう一度、解答時間内に解いてみましょう。学習したことを活用しながら同じ設問を繰り返し練習することで、解答時間内にまとめる力、伝えたいことを的確に伝える力が身につくでしょう。

⑪ 練習1、2／解答例と解説

各問題形式ごとにテスト2回分の問題を練習1、2とし
て掲載しています。解答の流れを参考にしながら取り組
みましょう。

練習1、2の後に、解答例と訳、解説を掲載しています。

> ※Speaking Testの音声ファイルには準備時間と解答時間が含ま
> れています。
> ※各音声ファイルの最後の解答時間終了時には「ポーン」という
> 合図音が入っていますが、実際のテストではこの終了合図音は
> 入りません。解答時間が終了したら、画面に「Stop Talking」の
> 表示が出て、次の問題に移ります。

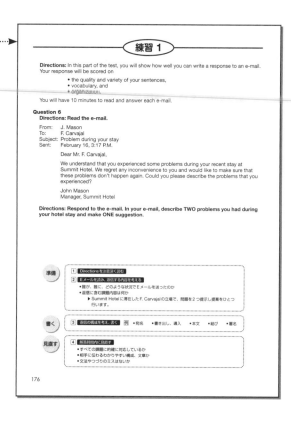

Unit 3 実践テスト1、2   p.209 - 275

これまでに理解した知識を生かして、新しいテスト
問題を解いてみます。

- 2回分のテストに解答時間を計って取り組み
  ます。

  > ※Speaking Testの音声ファイルには準備時間と解答
  > 時間が含まれています。
  > ※各音声ファイルの最後の解答時間終了時には「ポーン」
  > という合図音が入っていますが、実際のテストで
  > はこの終了合図音は入りません。解答時間が終了
  > したら、画面に「Stop Talking」の表示が出て、次の
  > 問題に移ります。

- テストの後に、各テストの解答例と訳を掲載
  しています。

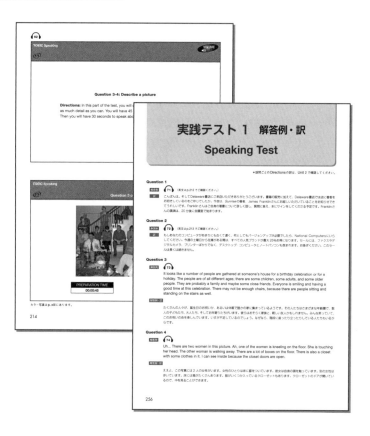

本書の活用方法

1 計5回分のテストを何度も解く

Unit 1のトライアルテスト、Unit 2の練習1、2、Unit 3の実践テスト1、2で、合計テスト5回分の問題と解答例が収録されています。

テストを1回ずつ解いて終わりにするのではなく、採点ポイントや採点スケールを参考に自分の解答を見直し、前回よりもよりよく伝わる、より高い評価となる解答を目標に、何度も取り組みましょう。

落ち着いてじっくり考える、テストの解答時間通りに解答する、少しスピードアップしてみる、などさまざまな方法で練習しましょう。

自分自身でも進歩を感じることができるでしょう。

2 効果的な伝え方や書き方を学び尽くす

5回分のテストの解答例はさまざまです。それぞれの解答例を詳しく学習することで、幅広い表現方法や伝え方、書き方を学ぶことができます。

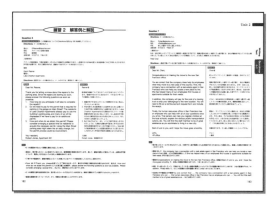

同じ設問に対して同じ内容を伝える場合にも、表現や構成、解答方法は多岐にわたります。設問に対して適切である限り、自由な内容や構成で解答することができます。解答例はさまざまな伝え方を知るだけでなく、自分自身の意見や考えをより効果的に、わかりやすく伝える表現や構成を考える上でも参考にできるでしょう。

例えばUnit 2のWriting Test Questions 6-7の練習1、2の解答例（p. 180-183）では、文章で書く、箇条書きにして説明するなど、異なったスタイルでのEメールの書き方を紹介しています。解答例は1度読んで終わりにするのではなく、次のページで紹介するような練習方法の素材としても活用しましょう。また、表現例で取り上げている例文も繰り返し学習すると効果的でしょう。

＊本書に掲載のすべての解答例は、テストの制作機関であるETSが提供しています。各問題形式のすべての採点ポイントに合致し、最も高い採点スケールに相当します（各問題の採点スケールについては、Unit 2をご参照ください）。

解答例や表現例などは英語学習の素材としても利用することができます。

Speaking Testの解答例を使って：

❶ 音声を聞いて、ディクテーションを行う
- 一文ずつ区切って書き起こす
- 全体的な内容を聞き、要点をメモに書き出す

　など、さまざまな方法があります。

❷ スクリプトを見ながら、すらすらと言えるように音読練習を行う

❸ スクリプトを見ずに音声を聞いて、シャドーイングを行う

❹ 解答例で理解した表現を繰り返し声に出したり書き出して練習し、応用してみる（文の一部や語句を変えるなど）
- ▶ イントネーションや発音の強化だけでなく、文章全体の構成やフレーズも学習できるでしょう
- ▶ 学んだ表現を自分のものにできるまで練習しましょう

＊ディクテーション：音声を聞き、聞いた文を書き起こす練習方法
＊シャドーイング　：音声を聞きながら、聞いた文や文章を少し遅れて復唱する練習方法

Writing Testの解答例を使って：

❶ 解答例を何度も読み、文法構造や使える表現、文章の構成などを学習する

❷ 解答例や例文をすらすら言えるまで音読したり、音読しながら書き写す
- ▶ 文章全体の構成やフレーズも学習できるでしょう
- ▶ イントネーションや発音の強化もできるでしょう
- ▶ 学んだ表現を自分のものにできるまで、何度も声に出したり書いたりして練習しましょう

❸ 解答例や表現例で使われている文を活用して、自分の解答を書き直す
- ▶ 自分で書いた内容を自分で直すことで、新しく学んだ表現の定着が図れるでしょう

学習方法や本書の利用方法はさまざまです。
メモ欄（p.62、p.77、p.117、p.161、p.175、p.255）を利用して学習記録を残すなど、さまざまな学習方法で本書を活用してください。

自分にあった方法を見つけ、英語での発信力の向上につなげましょう。

TOEIC® Speaking & Writing Tests の構成と受験手順

Speaking Test の問題形式

● 問題数　　：計11問
● テスト時間：約20分

≪テストの構成≫

内容	問題数	準備時間	解答時間	課題概要	評価基準	採点スケール
Read a text aloud（音読問題）	2（Q1-2）	各問45秒	各問45秒	アナウンスや広告などの内容の、短い英文を音読する	●発音 ●イントネーション、アクセント	0〜3
Describe a picture（写真描写問題）	2（Q3-4）	各問45秒	各問30秒	写真を見て内容を説明する	上記の事柄すべてに加えて ●文法 ●語彙 ●一貫性	0〜3
Respond to questions（応答問題）	3（Q5-7）	各問3秒	15秒または30秒	身近な問題についてのインタビューに答えるなどの設定で、設問に答えるまたは、電話での会話で、設問に答える	上記の事柄すべてに加えて ●内容の妥当性 ●内容の完成度	0〜3
Respond to questions using information provided（提示された情報に基づく応答問題）	3（Q8-10）	45秒＋各問3秒	15秒または30秒	提示された資料や文書(スケジュールなど)に基づいて、設問に答える (Q10は質問が2度読み上げられる)	上記の事柄すべて	0〜3
Express an opinion（意見を述べる問題）	1（Q11）	45秒	60秒	あるテーマについて、自分の意見とその理由を述べる	上記の事柄すべて	0〜5

※試験中はヘッドセット(ヘッドホンとマイクのセット)を装着します。出題される各問題のディレクション(解答方法)はすべて英語で、画面に表示されるか音声で流れます。その指示に従って解答してください。なお、問題形式・問題文・名称などは変更になることがあります。

● 採点方法
　解答はデジタル録音され、ETSの認定を受けた採点者によって採点されます。
　各項目のスケールの合計に統計的処理を施し、0〜200点のスコアに変換します。

Writing Testの問題形式

- 問題数 ：計8問
- テスト時間：約60分

≪テストの構成≫

内容	問題数	解答時間	課題概要	評価基準	採点スケール
Write a sentence based on a picture (写真描写問題)	5 (Q1-5)	5問で8分	与えられた2つの語(句)を使い、写真の内容に合う1文を作成する	● 文法 ● 写真と文章の関連性	0〜3
Respond to a written request (Eメール作成問題)	2 (Q6-7)	各問10分	25〜50語程度のEメールを読み、返信のメールを作成する	● 文章の質と多様性 ● 語彙 ● 構成	0〜4
Write an opinion essay (意見を記述する問題)	1 (Q8)	30分	提示されたテーマについて、自分の意見を理由あるいは例とともに記述する	● 理由や例を挙げて意見を述べているか ● 文法 ● 語彙 ● 構成	0〜5

※出題される各問題のディレクション(解答方法)はすべて英語で画面に表示されます。その指示に従って解答してください。なお、問題形式・問題文・名称などは変更になることがあります。

※Writing Testには音声による問題はないため、ヘッドセットを装着する必要はありません。

● 採点方法

解答はSpeaking Testと同様にETSの認定を受けた採点者によって採点されます。
各項目のスケールの合計に統計的処理を施し、0〜200点のスコアに変換します。

TOEIC® Speaking Test

2016年1月より、Speaking Testのみを受験できるTOEIC® Speaking Testを開始しました。

詳しくはIIBC公式サイトをご確認ください。

https://www.iibc-global.org

**受験申し込みから
当日までの流れ**

申し込みはオンラインのみとなります。

① 日程確認

IIBC 公式サイトで試験日、受験時間、会場などを確認しましょう。
https://www.iibc-global.org

② 申し込み

申し込み期間内に公式サイトから受験の申し込みをします。会員登録（無料）がお済みでない方は、会員登録後に申し込みをしてください。

③ 受験案内メールが届く

申し込み完了後に自動配信される「受験案内」メールをご確認ください。試験日の数日前にもお知らせメールが届きます。受験票はありません。

④ 受験準備

テスト内容を理解し、問題形式に慣れるためには、公式教材が最適です。ぜひご活用ください。

⑤ 受験当日

本人確認書類など必要書類を忘れずに持参しましょう。日頃の学習の成果を発揮してください。

テスト当日の流れ

① 指定の時間に試験会場へお越しください。**写真付の本人確認書類**を持参してください。受験票はありません。

② 試験官から注意事項の説明があります。会場によっては、荷物をロッカーなどに預けるように指示される場合もあります。

③ 受付開始後、ご本人の確認と写真撮影を行います（この写真は公式認定証に印刷されます）。

④ 試験官に座席へ案内されます。「受験のしおり」を見ながら、画面の案内に従って受験の準備を始めてください。
試験開始は一斉ではありません。**着席後、順次試験を開始**していただきます。

★ 受験の際の注意事項

- テスト当日に、会場で渡される「受験のしおり」に注意事項について詳細が記載されております。「受験のしおり」は公式サイトでもご確認いただけます。
- 2019年6月9日（日）実施の公開テストから、TOEIC® Speaking & Writing Tests、TOEIC® Speaking Testにおいて、テスト中にメモを取ること（Note Taking）が可能になりました。メモは試験会場でETSの指定用紙を配布し、試験終了後は回収いたします。
- Speaking Testでは、マイク部分やコードに触れずに受験してください。触れると、雑音が入ったり、録音ができなくなる可能性があります。
- 問題形式により、画面の進行が異なる場合があります。「受験のしおり」や、テスト中に表示されるDirectionsをよくご確認ください。

＊申し込みや当日の流れは予告なく変わることがあります。

受験申し込みの前に必ずIIBC公式サイトで最新の情報をご確認ください。

IIBC公式サイト
https://www.iibc-global.org

一般財団法人 国際ビジネスコミュニケーション協会
TEL：03-5521-6033
（土・日・祝日・年末年始を除く 10:00 〜 17:00）

※団体特別受験制度（IP：Institutional Program）
企業・団体・学校などで任意に日時・場所を設定しご受験いただく制度です。
詳細は、ご担当者よりお問い合わせください。

公式認定証

テスト終了後、30日以内に「Official Score Certificate（公式認定証）」が各受験者宛に発送されます。

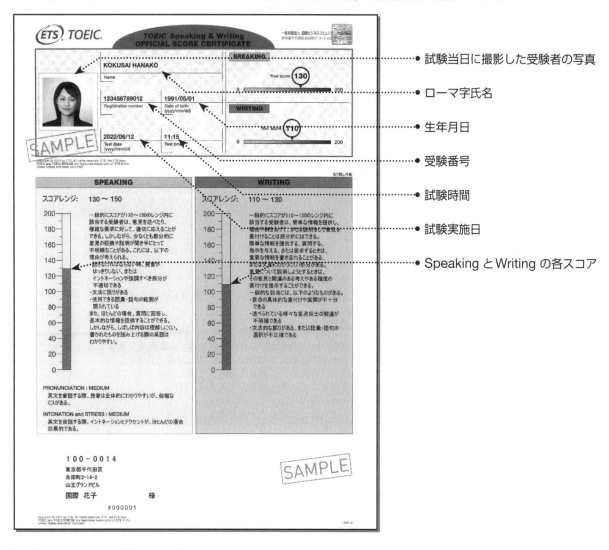

※公式認定証は公開テストの受験者のみに発行されます。
※上記はイメージであり、実際の色・デザイン・文言は異なる場合があります。
※受験者データやスコアが記載されている部分は切り取り、企業・学校などにご提出いただくことが可能です（上部のスコア部分のみの提出が求められるか、下部の評価部分も含めての提出が求められるかは、企業・学校などの団体によって異なります）。

各スコアは0点～200点の10点刻みで表示されます。スコアをもとにした評価がScore Range Descriptors（スコアレンジ別評価）として、Speaking Testでは8段階、Writing Testでは9段階で表示されます。さらに、Speaking Testでは、「Pronunciation（発音）」、「Intonation（イントネーション）とStress（アクセント）」についてもそれぞれ3段階で表示されます。
Score Range Descriptors（スコアレンジ別評価）の詳細な一覧表は、p.20-22および公式サイトでご覧いただけます。

採点の信頼性

TOEIC® S&Wのように人によって採点されるテストでは、結果の信頼性・一貫性が何よりも重要です。ETSではテスト結果の信頼性・一貫性を維持するために、厳格な方法で採点者の採用や結果の管理を行い、テストの品質向上に努めています。詳しくは公式サイトをご覧ください。

Score Range Descriptors （スコアレンジ別評価一覧表）

	スピーキング
スコア 190〜200	一般的にスコアが190-200のレンジ内に該当する受験者は、一般の職場にふさわしい継続的な会話ができる。意見を述べたり、複雑な要求に応えたりする際の話の内容は大変わかりやすい。基本的な文法も複雑な文法もうまく使いこなし、正確で的確な語彙・語句を使用している。 また、質問に回答し、基本的な情報を提供することができる。 発音、イントネーション、強調すべき部分がいつも大変わかりやすい。
スコア 160〜180	一般的にスコアが160-180のレンジ内に該当する受験者は、一般の職場にふさわしい継続的な会話ができる。的確に意見を述べたり、複雑な要求に応えることができる。長い応答では、以下の弱点が一部現れることがあるが、意思の伝達を妨げるものではない。 ● 発音、イントネーションにわずかだが問題があり、話すとき、躊躇することがある ● 複雑な文法構造を使うときにいくつか誤りがみられることがある ● 不正確な語彙・語句の使用がいくつかみられることがある また、質問に回答し、基本的な情報を提供することができる。 書かれたものを読み上げる際の英語は大変わかりやすい。
スコア 130〜150	一般的にスコアが130-150のレンジ内に該当する受験者は、意見を述べたり、複雑な要求に対して、適切に応えることができる。しかしながら、少なくとも部分的に意見の根拠や説明が聞き手にとって不明瞭なことがある。これには、以下の理由が考えられる。 ● 話さなければならない時、発音がはっきりしない、またはイントネーションや強調すべき部分が不適切である ● 文法に誤りがある ● 使用できる語彙・語句の範囲が限られている また、ほとんどの場合、質問に回答し、基本的な情報を提供することができる。しかしながら、しばしば内容は理解しにくい。 書かれたものを読み上げる際の英語はわかりやすい。
スコア 110〜120	一般的にスコアが110-120のレンジ内に該当する受験者は、ある程度、意見を述べる、または複雑な要求に応えることができる。ただし、応答には以下のような問題がみられる。 ● 言葉が不正確、あいまい、または同じ言葉を繰り返し述べている ● 聞き手の立場や状況をほとんど、またはまったく意識していない ● 間が長く、躊躇することが多い ● 考えを表現すること、またいくつかの考えを関連づけて表現することに限界がある ● 使用できる語彙・語句の範囲が限られている また、ほとんどの場合、質問に回答し、基本的な情報を提供することができる。しかしながら、しばしば内容は理解しにくい。 書かれたものを読み上げる際の英語は概ねわかりやすいが、自らが考えて話をするときは、発音、イントネーション、強調すべき部分に時々誤りがある。
スコア 80〜100	一般的にスコアが80-100のレンジ内に該当する受験者は、意見を述べる、または複雑な要求に応えようとするが、うまくいかない。1つの文のみ、または文の一部分のみで応答することがある。このほかに、以下のような問題がみられる。 ● 回答がとても短い、または長くてもほとんどの部分が理解しにくい ● 聞き手の立場や状況をほとんど、またはまったく意識していない ● 発音、イントネーション、強調すべき部分に常に問題がある ● 間が長く、躊躇することが多い ● 語彙・語句が非常に限られている また、ほとんどの場合、質問に答えることも、基本的な情報を提供することもできない。 書かれたものを読み上げる際の英語はわかりやすい場合もあるが、わかりにくい場合もある。自らが考えて話をするときは、発音、イントネーション、強調すべき部分に問題が多い。 「PRONUNCIATION」、「INTONATION and STRESS」の評価内容もご確認ください。
スコア 60〜70	一般的にスコアが60-70のレンジ内に該当する受験者は、若干の支障はあるものの簡単なことは言える。ただし、その意見の裏付けを述べることはできない。複雑な要求に対する応答は、非常に限られている。 また、ほとんどの場合、質問に答えることも、基本的な情報を提供することもできない。 語彙・語句または文法が不十分なため、簡単な描写をすることもできない。 書かれたものを読み上げる際の英語は理解しにくいことがある。 「PRONUNCIATION」、「INTONATION and STRESS」の評価内容もご確認ください。
スコア 40〜50	一般的にスコアが40-50のレンジ内に該当する受験者は、意見を述べることも、意見の裏付けを述べることもできない。複雑な要求に応えることもできない、また、まったく的外れな応答をする。 質問に答える、基本的な情報を提供するなど、社会生活や職業上の日常的な会話も理解しにくい。 書かれたものを読み上げる際の英語は理解しにくいことがある。 「PRONUNCIATION」、「INTONATION and STRESS」の評価内容もご確認ください。

スコア 0〜30	一般的にスコアが 0-30 のレンジ内に該当する受験者は、スピーキングのかなりの部分に回答していない。テストのディレクションや設問の内容を理解するのに必要な英語のリスニング、またはリーディング能力に欠ける。

スピーキング Pronunciation（発音）	
[3] HIGH	英文を音読する際、発音はとてもわかりやすい。
[2] MEDIUM	英文を音読する際、発音は全体的にわかりやすいが、些細なミスがある。
[1] LOW	英文を音読する際、発音は全体的にわかりにくい。

スピーキング Intonation and Stress（イントネーションとアクセント）	
[3] HIGH	英文を音読する際、イントネーションとアクセントが、とても効果的である。
[2] MEDIUM	英文を音読する際、イントネーションとアクセントが、ほとんどの場合効果的である。
[1] LOW	英文を音読する際、イントネーションとアクセントが、ほとんどの場合効果的ではない。

ライティング	
スコア 200	一般的にスコアが 200 に該当する受験者は、簡単な情報を的確に伝達することができ、理由や例をあげて、または説明をして、意見を裏付けることができる。 簡単な情報を提供する、質問する、指示を与える、または要求するときは、明確で、一貫性のある、的確な文章を書くことができる。 理由や例をあげたり、または説明をして意見を裏付けるなどして、よくまとまった、十分に展開された文章を書くことができる。さまざまな構文や適切な語彙・語句を使い、自然な英語を書くことができる。文法も正確である。
スコア 170〜190	一般的にスコアが 170-190 のレンジ内に該当する受験者は、簡単な情報を的確に伝達することができ、理由や例をあげて、または説明をして、意見を裏付けることができる。 簡単な情報を提供する、質問する、指示を与える、または要求するときは、明確で、一貫性のある、的確な文章を書くことができる。 さらに、理由や例をあげて、または説明をして、意見を裏付けるときは、概ね上手な文章を書くことができる。概ねよくまとまった文章で、さまざまな構文や適切な語彙・語句を使用している。ただし、以下の弱点の 1 つがみられることがある。 ● 時折、同じ考えを不必要に繰り返す、または述べられている様々な考え同士の関連が不明確である ● 文法上の小さな誤りがある、または語彙・語句の選択が不正確である
スコア 140〜160	一般的にスコアが 140-160 のレンジ内に該当する受験者は、簡単な情報を提供する、質問をする、指示を与える、または要求することが的確にできるが、理由や例をあげて、または説明をして、意見を裏付けることは部分的にしかできない。 簡単な情報を提供する、質問する、指示を与える、または要求するときは、明確で、一貫性のある、的確な文章を書くことができる。 意見について説明しようとするときは、その意見と関連のある考えやある程度の裏付けを提示することができる。一般的な弱点には、以下のようなものがある。 ● 要点の具体的な裏付けや展開が不十分である ● 述べられている様々な要点同士の関連が不明確である ● 文法的な誤りがある、または語彙・語句の選択が不正確である
スコア 110〜130	一般的にスコアが 110-130 のレンジ内に該当する受験者は、簡単な情報を提供し、理由や例をあげて、または説明をして意見を裏付けることは部分的にはできる。 簡単な情報を提供する、質問する、指示を与える、または要求するときは、重要な情報を書き忘れることがある、または文章にわかりにくい部分がある。 意見について説明しようとするときは、その意見と関連のある考えやある程度の裏付けを提示することができる。一般的な弱点には、以下のようなものがある。 ● 要点の具体的な裏付けや展開が不十分である ● 述べられている様々な要点同士の関連が不明確である ● 文法的な誤りがある、または語彙・語句の選択が不正確である

スコア 90〜100	一般的にスコアが 90-100 のレンジ内に該当する受験者は、簡単な情報を提供することは部分的にはできるが、理由や例をあげて、または説明をして意見を裏付けることはほとんどの場合、できない。 簡単な情報を提供する、質問する、指示を与える、または要求するときは、重要な情報を書き忘れることがある、または文章にわかりにくい部分がある。 意見について説明しようとするときは、コミュニケーションの障害となる以下のような重大な弱点がみられる。 ● 意見を裏付ける例、説明、詳細が不十分である、または不適切である ● 考えを述べる構成がよくない、または考え同士の関連が不十分である ● 考えが十分に展開されていない ● 重大な文法的誤りがある、または語彙・語句の選択が不正確である
スコア 70〜80	一般的にスコアが 70-80 のレンジ内に該当する受験者は、意見を述べ、簡単な情報を提供する能力の発展段階にあり、コミュニケーションができることは限られている。 簡単な情報を提供する、質問する、指示を与える、または要求するときは、以下の理由で、課題を完全に達成することができない。 ● 情報が欠けている ● 文章と文章のつながりが欠けている、またはあいまいである あるいは（そして） ● 文法的誤りが多い、または語彙・語句の選択が不正確である 意見について説明しようとするときは、コミュニケーションの障害となる以下のような重大な弱点がみられる。 ● 意見を裏付ける例、説明、詳細が不十分である、または不適切である ● 考えを述べる構成がよくない、または考え同士の関連が不十分である ● 考えが十分に展開されていない ● 重大な文法的誤りがある、または語彙・語句の選択が不正確である このレンジ内に該当する受験者は、文法的に正確な文章を作成するのに必要なある程度の能力を有しているが、一貫性に欠ける。
スコア 50〜60	一般的にスコアが 50-60 のレンジ内に該当する受験者は、意見を述べ、簡単な情報を提供する能力が限られている。 簡単な情報を提供する、質問する、指示を与える、または要求するときは、以下の理由で、課題を完全に達成することができない。 ● 情報が欠けている ● 文章と文章のつながりが欠けている、またはあいまいである あるいは（そして） ● 文法的誤りが多い、または語彙・語句の選択が不正確である 意見を説明しようとすると、以下の重大な欠陥が 1 つもしくは複数以上みられる。 ● 無秩序な構成と不十分な展開 ● 詳細情報の欠落、または関連の欠如 ● 文法的誤りの頻発、または不正確な語彙・語句の選択 このレンジ内に該当する受験者は、文法的に正確な文章を作成するのに必要なある程度の能力を有しているが、一貫性に欠ける。
スコア 40	一般的にスコアが 40 に該当する受験者は、意見を述べ、簡単な情報を提供する能力がかなり限られている。 特有の弱点には、以下が含まれる。 ● 重要な情報がまったく含まれていない ● 記述された事柄同士につながりがない、またはあいまいである ● 文法的誤りが頻発する、または語彙・語句の選択が不正確である 意見を説明しようとすると、以下の重大な欠陥が 1 つもしくは複数以上みられる。 ● 無秩序な構成と不十分な展開 ● 詳細情報の欠落、または関連の欠如 ● 文法的誤りの頻発、または不正確な語彙・語句の選択 このスコアに該当する受験者は、文法的に正確な文章を作成することができない。
スコア 0〜30	一般的にスコアが 0-30 のレンジ内に該当する受験者は、ライティングのかなりの部分に回答していない。 テストのディレクションや設問の内容を理解するのに必要な英語のリーディング能力に欠ける。

Unit 1

トライアルテスト

Unit 1 には、TOEIC® S&W 1回分がトライアルテストとして掲載されています。

Speaking Test と Writing Test のどちらも、実際の時間どおりに解答してみましょう（Speaking Test の音声ファイルには準備時間と解答時間が含まれています）。テストを知り、現在の力を知ることができるでしょう。トライアルテスト中にメモを取っても構いません。

録音機器とパソコンを使って解答を入力し、データを保存することをお勧めします。解答終了後に自分で解答を確認するだけでなく、各問題形式について詳しく学んだ後にも再度自分の解答を振り返り、確認や修正をすることができます。また、進歩を感じることができるでしょう。

Unit 2 ではトライアルテストの設問を使い、解答例を基に解答のプロセスや注意点を詳しく解説しています。

*より実際のテストに近い画面の流れは Unit 2 でご確認ください。
Unit 2 で使用していない設問の解答例は p.276-277 に掲載しています。

トライアルテスト

Speaking Test

Speaking Test Directions

This is the TOEIC Speaking Test. This test includes eleven questions that measure different aspects of your speaking ability. The test lasts approximately 20 minutes.

Question	Task	Evaluation Criteria
1-2	Read a text aloud	• pronunciation • intonation and stress
3-4	Describe a picture	all of the above, plus • grammar • vocabulary • cohesion
5-7	Respond to questions	all of the above, plus • relevance of content • completeness of content
8-10	Respond to questions using information provided	all of the above
11	Express an opinion	all of the abov

For each type of question, you will be given specific directions, including the time allowed for preparation and speaking.

It is to your advantage to say as much as you can in the time allowed. It is also important that you speak clearly and that you answer each question according to the directions.

Click on **Continue** to go on.

Questions 1-2: Read a text aloud

Directions: In this part of the test, you will read aloud the text on the screen. You will have 45 seconds to prepare. Then you will have 45 seconds to read the text aloud.

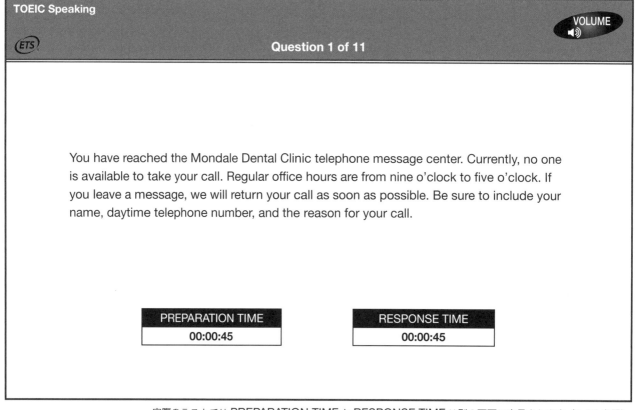

You have reached the Mondale Dental Clinic telephone message center. Currently, no one is available to take your call. Regular office hours are from nine o'clock to five o'clock. If you leave a message, we will return your call as soon as possible. Be sure to include your name, daytime telephone number, and the reason for your call.

PREPARATION TIME	RESPONSE TIME
00:00:45	00:00:45

実際のテストでは PREPARATION TIME と RESPONSE TIME は別の画面に表示されます（p. 51 参照）。

VOLUME

Thank you for coming to the Hartford Community Center charity dinner. As you know, every year we come together to raise money for our children's education. Thanks to the goodwill of everyone here tonight, we will be able to provide new opportunities for the bright, young, talented students in our community.

PREPARATION TIME
00:00:45

RESPONSE TIME
00:00:45

Questions 3-4: Describe a picture

Directions: In this part of the test, you will describe the picture on your screen in as much detail as you can. You will have 45 seconds to prepare your response. Then you will have 30 seconds to speak about the picture.

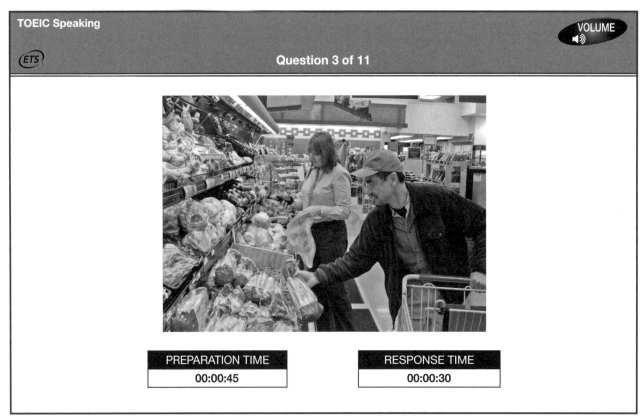

PREPARATION TIME	RESPONSE TIME
00:00:45	00:00:30

カラー写真は **p. i** にあります。

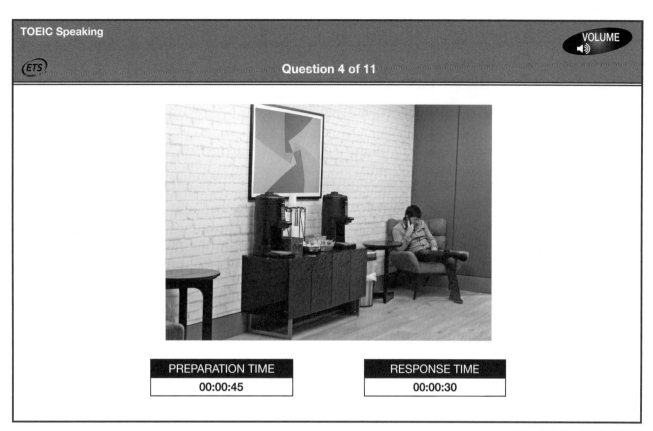

カラー写真は **p. i** にあります。

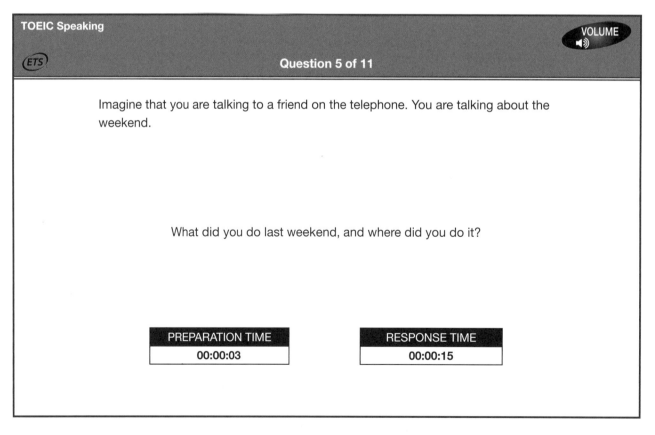

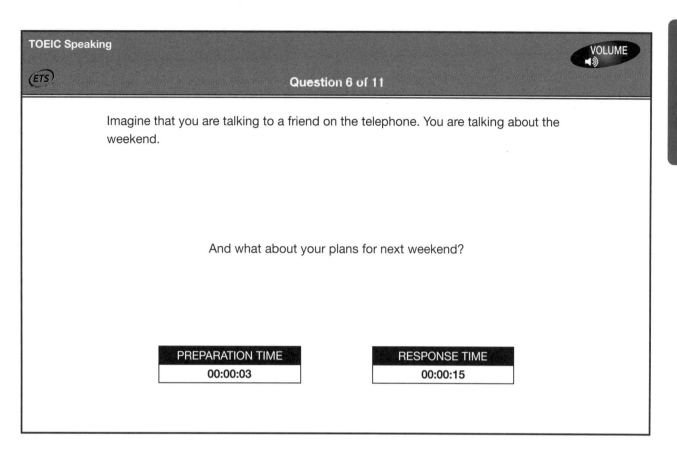

Imagine that you are talking to a friend on the telephone. You are talking about the weekend.

And what about your plans for next weekend?

PREPARATION TIME	RESPONSE TIME
00:00:03	00:00:15

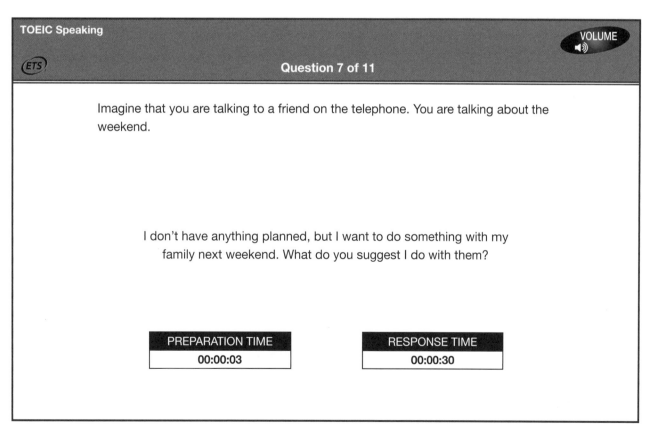

Imagine that you are talking to a friend on the telephone. You are talking about the weekend.

I don't have anything planned, but I want to do something with my family next weekend. What do you suggest I do with them?

PREPARATION TIME	RESPONSE TIME
00:00:03	00:00:30

Questions 8-10: Respond to questions using information provided

Directions: In this part of the test, you will answer three questions based on the information provided. You will have 45 seconds to read the information before the questions begin. You will have 3 seconds to prepare and 15 seconds to respond to Questions 8 and 9. You will hear Question 10 two times. You will have 3 seconds to prepare and 30 seconds to respond to Question 10.

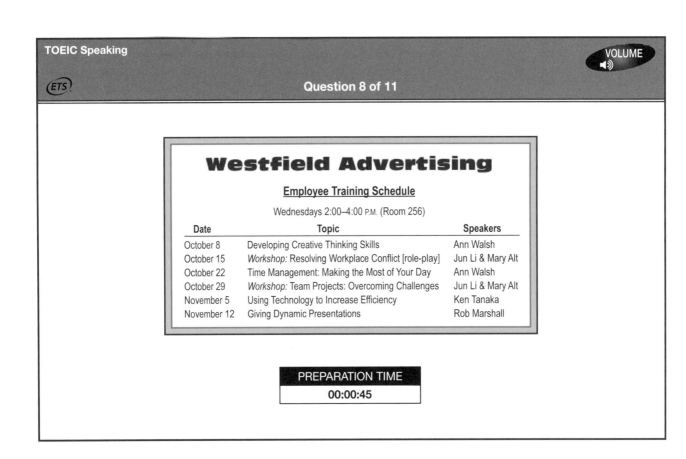

Westfield Advertising

Employee Training Schedule

Wednesdays 2:00–4:00 P.M. (Room 256)

Date	Topic	Speakers
October 8	Developing Creative Thinking Skills	Ann Walsh
October 15	*Workshop:* Resolving Workplace Conflict [role-play]	Jun Li & Mary Alt
October 22	Time Management: Making the Most of Your Day	Ann Walsh
October 29	*Workshop:* Team Projects: Overcoming Challenges	Jun Li & Mary Alt
November 5	Using Technology to Increase Efficiency	Ken Tanaka
November 12	Giving Dynamic Presentations	Rob Marshall

PREPARATION TIME
00:00:45

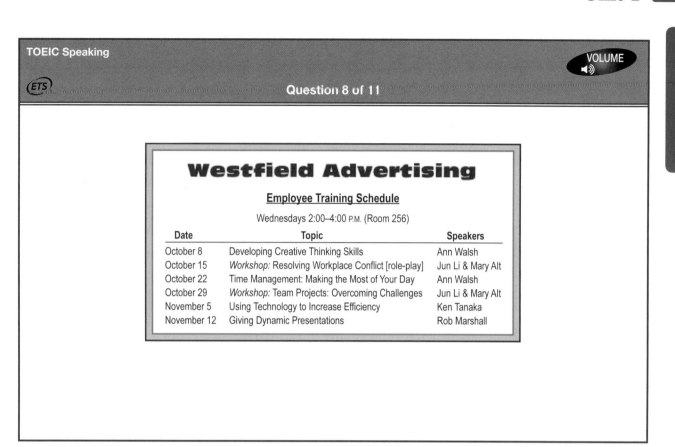

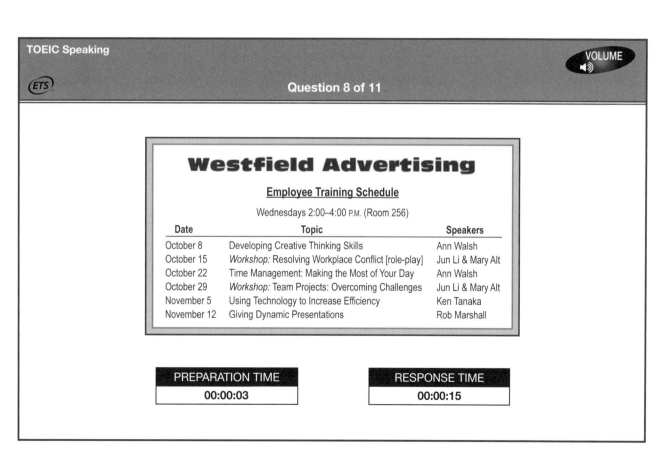

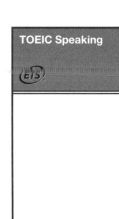
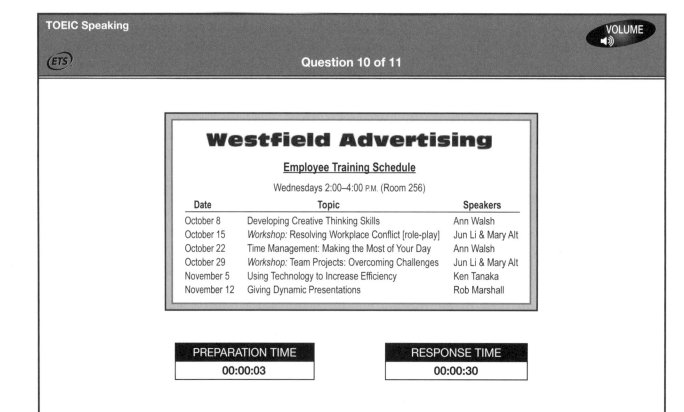

Westfield Advertising

Employee Training Schedule

Wednesdays 2:00–4:00 P.M. (Room 256)

Date	Topic	Speakers
October 8	Developing Creative Thinking Skills	Ann Walsh
October 15	*Workshop:* Resolving Workplace Conflict [role-play]	Jun Li & Mary Alt
October 22	Time Management: Making the Most of Your Day	Ann Walsh
October 29	*Workshop:* Team Projects: Overcoming Challenges	Jun Li & Mary Alt
November 5	Using Technology to Increase Efficiency	Ken Tanaka
November 12	Giving Dynamic Presentations	Rob Marshall

PREPARATION TIME	RESPONSE TIME
00:00:03	00:00:15

Westfield Advertising

Employee Training Schedule

Wednesdays 2:00–4:00 P.M. (Room 256)

Date	Topic	Speakers
October 8	Developing Creative Thinking Skills	Ann Walsh
October 15	*Workshop:* Resolving Workplace Conflict [role-play]	Jun Li & Mary Alt
October 22	Time Management: Making the Most of Your Day	Ann Walsh
October 29	*Workshop:* Team Projects: Overcoming Challenges	Jun Li & Mary Alt
November 5	Using Technology to Increase Efficiency	Ken Tanaka
November 12	Giving Dynamic Presentations	Rob Marshall

PREPARATION TIME	RESPONSE TIME
00:00:03	00:00:30

Unit 1

TOEIC Speaking

Question 11: Express an opinion

Directions: In this part of the test, you will give your opinion about a specific topic. Be sure to say as much as you can in the time allowed. You will have 45 seconds to prepare. Then you will have 60 seconds to speak.

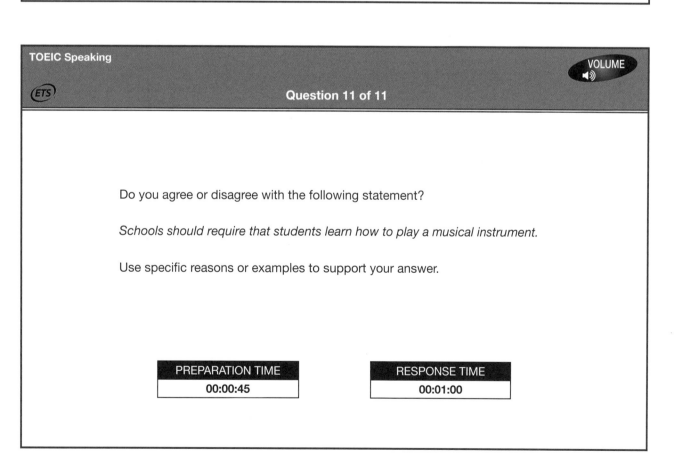

TOEIC Speaking

Do you agree or disagree with the following statement?

Schools should require that students learn how to play a musical instrument.

Use specific reasons or examples to support your answer.

PREPARATION TIME	RESPONSE TIME
00:00:45	00:01:00

Writing Test

Writing Test Directions

This is the TOEIC Writing Test. This test includes eight questions that measure different aspects of your writing ability. The test lasts approximately one hour.

Question	Task	Evaluation Criteria
1-5	Write a sentence based on a picture	• grammar • relevance of the sentences to the pictures
6-7	Respond to a written request	• quality and variety of your sentences • vocabulary • organization
8	Write an opinion essay	• whether your opinion is supported with reasons and/or examples • grammar • vocabulary • organization

For each type of question, you will be given specific directions, including the time allowed for writing.

Click on **Continue** to go on.

TOEIC Writing

(ETS)

HELP
?
BACK
NEXT

HIDE TIME 00 : 09 : 00

トライアルテスト

Questions 1-5: Write a sentence based on the picture

Directions: In this part of the test, you will write ONE sentence that is based on a picture. With each picture, you will be given TWO words or phrases that you must use in your sentence. You can change the forms of the words and you can use the words in any order. Your sentences will be scored on

- the appropriate use of grammar and
- the relevance of the sentence to the picture.

In this part, you can move to the next question by clicking on **Next**. If you want to return to a previous question, click on **Back**. You will have 8 minutes to complete this part of the test.

Example

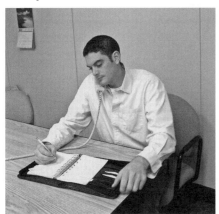

write / notebook

Sample response

The man is writing in a notebook.

This screen will move forward **automatically** in 60 seconds.

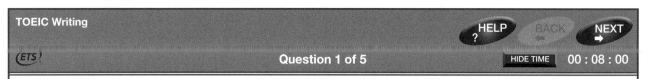

Directions: Write ONE sentence based on the picture. Use the TWO words or phrases under the picture. You may change the forms of the words and you may use them in any order.

on / table

Cut	Paste	Undo	Redo		Hide Word Count	0
					Update Word Count	

カラー写真は **p. ii** にあります。

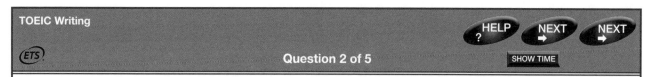

TOEIC Writing

(ETS)

HELP ? NEXT → NEXT →

SHOW TIME

Question 2 of 5

トライアルテスト

Directions: Write ONE sentence based on the picture. Use the TWO words or phrases under the picture. You may change the forms of the words and you may use them in any order.

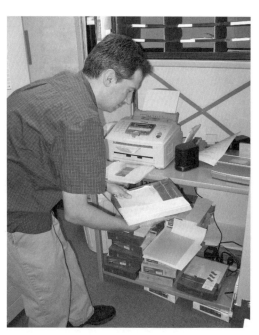

man / pick up

| Cut | Paste | Undo | Redo | | Hide Word Count | 0 |
| Update Word Count | | | |

カラー写真は **p. ii** にあります。

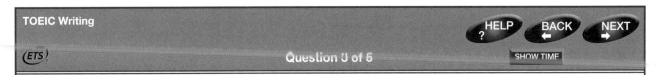

Directions: Write ONE sentence based on the picture. Use the TWO words or phrases under the picture. You may change the forms of the words and you may use them in any order.

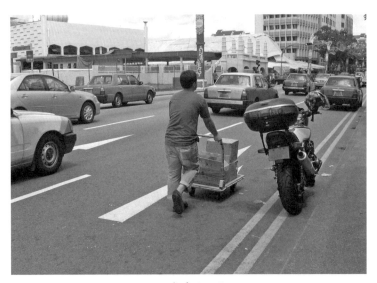

push / street

Cut	Paste	Undo	Redo		Hide Word Count	0
					Update Word Count	

カラー写真は **p. iii**にあります。

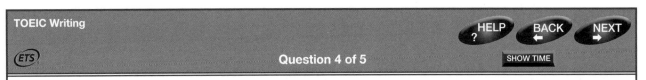

Directions: Write ONE sentence based on the picture. Use the TWO words or phrases under the picture. You may change the forms of the words and you may use them in any order.

wait / because

Cut	Paste	Undo	Redo		Hide Word Count	0
					Update Word Count	

カラー写真は **p. iii** にあります。

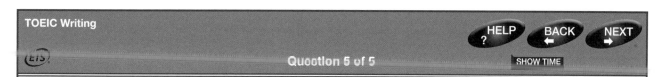

Directions: Write ONE sentence based on the picture. Use the TWO words or phrases under the picture. You may change the forms of the words and you may use them in any order.

map / in order to

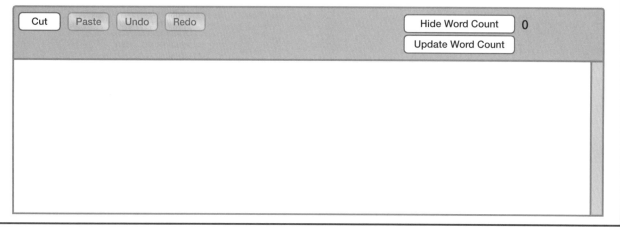

Cut   Paste   Undo   Redo   Hide Word Count   0

Update Word Count

カラー写真は **p. iv** にあります。

TOEIC Writing

CONTINUE   ? HELP

ETS

Questions 6-7: Respond to a written request

Directions: In this part of the test, you will show how well you can write a response to an e-mail. Your response will be scored on

- the quality and variety of your sentences,
- vocabulary, and
- organization.

You will have 10 minutes to read and answer each e-mail.

Click on **Continue** to go on.

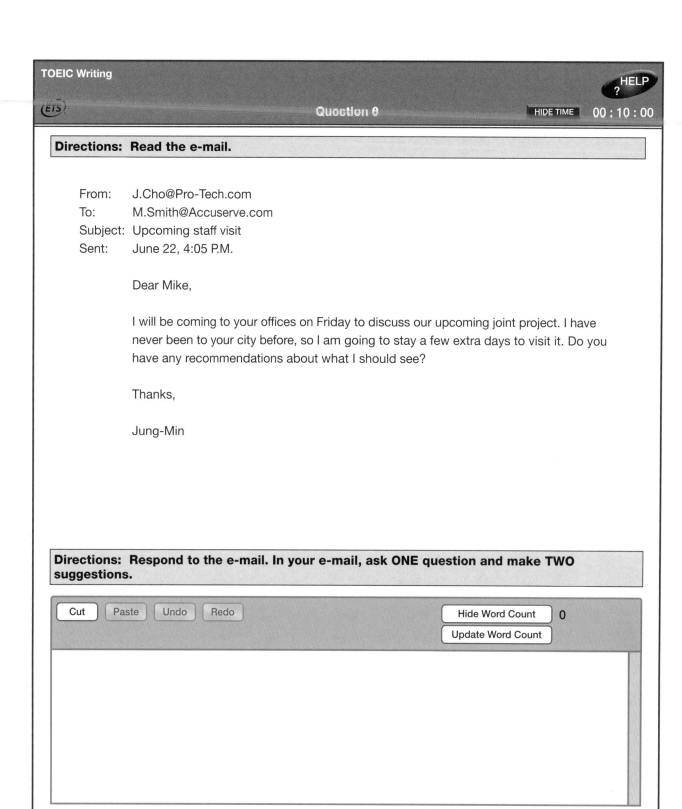

Directions: Read the e-mail.

From: J.Cho@Pro-Tech.com
To: M.Smith@Accuserve.com
Subject: Upcoming staff visit
Sent: June 22, 4:05 P.M.

Dear Mike,

I will be coming to your offices on Friday to discuss our upcoming joint project. I have never been to your city before, so I am going to stay a few extra days to visit it. Do you have any recommendations about what I should see?

Thanks,

Jung-Min

Directions: Respond to the e-mail. In your e-mail, ask ONE question and make TWO suggestions.

| Cut | Paste | Undo | Redo | | Hide Word Count | 0 |

Update Word Count

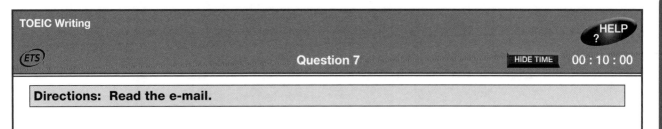

Directions: Read the e-mail.

From:	R. Steinhart, Steinhart Corporation
To:	Hearty Catering Services
Subject:	Business lunch
Sent:	June 18, 2:14 P.M.

Dear Hearty Catering Services:

I am organizing a business lunch at our office in two weeks, and a colleague of mine recommended your catering service. Please tell me about your food and the services you can provide.

Thank you,

Rob Steinhart
Steinhart Corporation

Directions: Respond to the e-mail as if you work for Hearty Catering Services. In your e-mail, give THREE pieces of information.

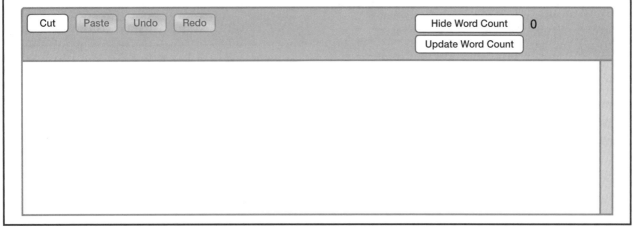

Cut	Paste	Undo	Redo	Hide Word Count	0
				Update Word Count	

Question 8: Write an opinion essay

Directions: In this part of the test, you will write an essay in response to a question that asks you to state, explain, and support your opinion on an issue. Typically, an effective essay will contain a minimum of 300 words. Your response will be scored on

- whether your opinion is supported with reasons and/or examples,
- grammar,
- vocabulary, and
- organization.

You will have 30 minutes to plan, write, and revise your essay.

Click on **Continue** to go on.

Directions: Read the question below. You have 30 minutes to plan, write, and revise your essay. Typically, an effective response will contain a minimum of 300 words.

| Cut | Paste | Undo | Redo | Hide Word Count | 0 |

Update Word Count

Some employees enjoy working alone. Others like to work with a team of coworkers. Which do you prefer? Why? Support your opinion with specific reasons and examples.

Unit 2

各問題形式の詳しい解説と練習

Unit 2 では、Unit 1 トライアルテストを使って、各問題形式を詳しく解説します。
トライアルテストでの自分の解答や解答に至るまでの考え方などを振り返りながら、理解を進めるとよい
でしょう。

各問題形式の解説に続いてテスト 2 回分の練習問題があります。そこまでに学習した注意点に気をつけな
がら練習しましょう。

Speaking Test

Speaking Testの始まり方
受付後、受験する座席に案内され、Note Taking用のメモ用紙を渡されます（この用紙はテスト終了後回収します）。
受験のしおりを参考にしながら、必要な情報を入力するなど、準備を進めます。
画面の指示に従ってヘッドセットを装着し、音量テストを行います。
音量の確認ができたら、試験が開始されます。

Speaking Testの進み方
ナレーションと画面の指示に従って自動的にテストが進行します。
問題を飛ばしたり、戻ったりすることはできません。
試験が始まると、途中で止めることはできません。

　　＊テスト画面や進行は予告なく変更することがあります。
　　受験の際には事前にIIBC公式サイトでご確認ください。https://www.iibc-global.org

Read a text aloud
Questions 1-2

音読問題

Questions 1-2 では、英語のネイティブスピーカーにも、英語が堪能なノンネイティブスピーカーにもわかりやすいように英文を音読する能力や、英語らしい発音とリズムで声に出して読む能力が測定されます。提示された文章を聞き手にわかりやすく音読しましょう。

設問数 2問

準備時間 各問45秒

解答時間 各問45秒

Question 1

画面に表示された英文を音読する

| 英文
約40〜60語 | → | (準備指示)
Begin preparing now. | ビープ音 | 準備時間
45秒 | → | (音読指示)
Begin reading aloud now. | ビープ音 | 解答時間
45秒 |

Question 2

新しく画面に表示された英文を音読する

| 英文
約40〜60語 | → | (準備指示)
Begin preparing now. | ビープ音 | 準備時間
45秒 | → | (音読指示)
Begin reading aloud now. | ビープ音 | 解答時間
45秒 |

＊ Question 1 の後、Question 2 は自動的に始まります。

高い採点スケールの解答は

① わかりやすい発音で音読している。
② 自然なイントネーション・アクセントを使っている。
● 言葉が明瞭で、英語でアナウンスをしているように聞こえることが大切です。

今の力を発揮するには

● 焦らず落ち着いて、聞き取りやすいように読みましょう。
● 発音のわからない語があっても、つづりなどから推測して読みましょう。

1 Speaking Test Questions 1-2 は、以下のような流れで画面に表示されます。
音声ファイルを聞きながら、確認するとよいでしょう。

≪ Speaking Test Directions ≫

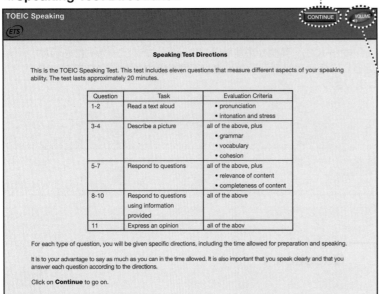
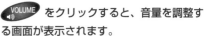

スピーキングテスト全体のDirectionsが表示されます。
CONTINUE をクリックして次の画面に進み、Questions 1-2 を開始します。

VOLUME をクリックすると、音量を調整する画面が表示されます。

≪ Directions ≫

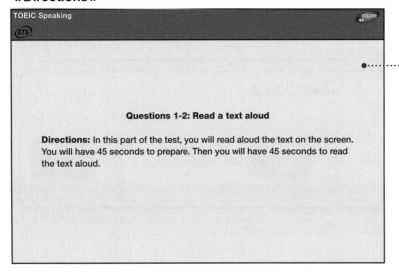

Directionsが画面に表示され、音声でも流れます。
この後、画面は自動的に切り替わります。

≪準備時間≫

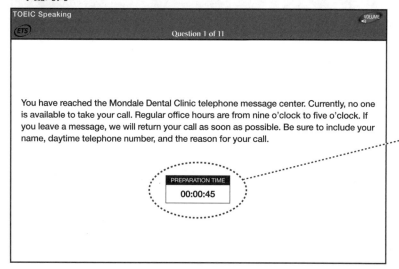

画面にQuestion 1の英文が表示されます。Begin preparing now.（ビープ音）のナレーションの後に、準備時間のカウントダウンが始まります。

≪解答時間≫

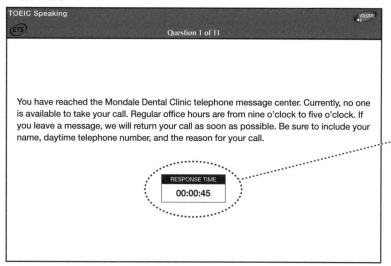

Begin reading aloud now.（ビープ音）のナレーションの後に、解答時間のカウントダウンが始まります。

≪解答時間終了≫

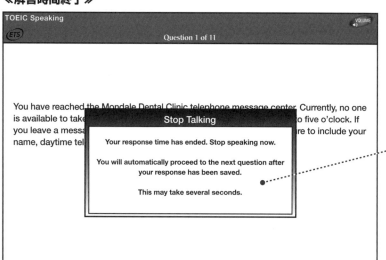

Question 1の解答時間が終了すると、この画面が表示され、自動的にQuestion 2に進んで次の英文が表示されます。
Question 2の解答時間が終了すると、再びこの画面が表示され、自動的に次の問題形式に進みます。

採点ポイント

Speaking Test Questions 1-2 は以下の2点について採点されます。

- 発音
- イントネーション・アクセント

解答は以下の採点ポイントに基づいて0から3で評価されます。

発音

採点スケール	採点ポイント
3	些細なミスや、他の言語の影響がわずかにあるものの、非常にわかりやすい
2	いくつかのミスや、他の言語の影響が多少あるものの、概ねわかりやすい
1	わかりやすいところもあるが、他の言語の影響が大きいため、適切な話し方が妨げられている
0	無解答、もしくは解答の中に英語が含まれていない、またはテストと全く関係ないことを答えている

イントネーション・アクセント

採点スケール	採点ポイント
3	強調されるべき部分、間の取り方、音の高低が適切である
2	いくつかのミスや、他の言語の影響が多少あるものの、強調されるべき部分、間の取り方、音の高低は全体的によい
1	強調されるべき部分、間の取り方、音の高低が適切でなく、他の言語の影響がかなり見られる
0	無解答、もしくは解答の中に英語が含まれていない、またはテストと全く関係ないことを答えている

＊解答は各採点スケールの採点ポイントに基づいて評価されますが、ポイントのすべてを網羅していなければならないというわけではなく、総合的に評価されます。

解答のプロセス

この問題形式の解答の流れは以下の通りです。
次ページからこの流れに沿って詳しく学習します。

1 Directionsの内容を把握する

課題内容を的確に理解します。

2 準備時間中に、英文を確認する

発音、イントネーションやアクセント、区切りなどに注意しながら英文に目を通します。

3 解答する

わかりやすい発音とリズムで、英語でアナウンスをするように声に出して読みます。

＊解答プロセスの詳しい説明には Unit 1 Speaking Test Question 1（p.26）を使用します。

1 　Directionsの内容を把握する

> **Directions:** In this part of the test, you will read aloud the text on the screen. You will have 45 seconds to prepare. Then you will have 45 seconds to read the text aloud.

この問題形式
について

2 　準備時間中に、英文を確認する

> You have reached the Mondale Dental Clinic telephone message center. Currently, no one is available to take your call. Regular office hours are from nine o'clock to five o'clock. If you leave a message, we will return your call as soon as possible. Be sure to include your name, daytime telephone number, and the reason for your call.

3 　解答する

解答例 （音読される解答例でご確認ください。）

＊解答例はすべての採点ポイントに合致し、最も高い採点スケールに評価されるものです。
詳しくはp.52をご覧ください。

 ディレクション：この問題では、画面上のテキストを音読します。準備時間は45秒です。その後、45秒でテキストを音読してください。

こちらはMondale歯科医院の留守番電話センターです。現在、電話に出られる者がおりません。通常の診療時間は9時から5時までです。伝言を残していただければ、できるだけ早く折り返しお電話をいたします。お名前、日中に連絡が取れる電話番号、そして電話をされた理由を必ず入れてください。

Directions

Questions 1-2 で行うこと（英文を音読する）や、解答時間を確認します。

準備時間中

45 秒で、画面に表示される 40-60 語程度の英文に目を通します。

> ✓ 準備時間中、声を出して読んでもかまいません。
> 英語らしく聞こえるイントネーションやアクセントを確認します。

準備時間中に確認しておくとよい、音読の際の注意点：
- 意味のまとまりや文の構造を理解して、区切りを入れる位置を考えておく
- 強調して読む必要がある、意味の上で重要な語句を見つけておく
- 固有名詞などの部分でつかえないように、読み方を考えておく
- 読み方に自信がなくても、つづりから推測して発音できるように考えておく
  ▶ 発音が複数考えられる語（固有名詞など）は、どの発音で読み上げても評価に影響はありません。

解答時間中

45 秒で、表示されている英文を音読します。

> ✓ 実際に 45 秒間を計って音読してみると、英文の語数に対してやや長く感じるかもしれません。落ち着いて発音しましょう。

> ✓ 英語らしいリズムを崩すことなく、ラジオやテレビでアナウンスをしているつもりで読むことが大切です。聞き手に伝わるように音読しましょう。

> ✓ 誤りに気づいたら、言い直してもかまいません。焦る必要はないので、なるべくつかえずに読みましょう。

> この問題形式では、「英語らしく聞こえるように音読する」ことが求められており、イントネーションやアクセントなどが評価されます。

> 聞き手は以下のポイントを基に相手の話すことを理解するため、音読するときには注意する必要があります。
> - 意味のまとまりや文の構造の区切り
> - 重要な語句
> - 内容の関連性

音読するときの注意点

■ 区切り

意味のまとまりや文の構造にあわせて区切って読みます。
例えばこの解答例の4～5文目では、次のスラッシュの位置で区切りながら読んでいます。

If you leave a message, / we will return your call / as soon as possible. /
Be sure to include your name, / daytime telephone number, / and the reason for your call.

■ 英語らしいイントネーションで読む

- ピリオドがあれば、文末を下げ調子 (↘)
- Yes/Noで答えられる疑問文は、文末を上げ調子 (↗)
  疑問詞で始まる疑問文は、文末を下げ調子 (↘)
- 肯定文でもその先も語句が続くことを示し、語句の終わりを少し上げ調子 (↗) で読むこともあります。
- 複数の物や事柄を挙げるには、次のように読むと自然に聞こえます。

  A (↗) and B (↘)、
  A (↗), B (↗), and C (↘)

この解答例の最後の文では次のように読まれています。
your name (↗), daytime telephone number (↗), and the reason for your call (↘)

■ 重要な語句を強調して読む

意味の上で重要な語句 (主に名詞や動詞) は強調して読みます。
例えばこの解答例の1文目では、太字部分が強調して読まれています。

You have **reached** the **Mondale Dental Clinic telephone message center**.

■ アクセントを正しい位置に置いて読む

例　telephone
　　daytime

同じつづりでも、品詞によりアクセントの位置が変わることがあります。
その他、文脈や内容に応じてアクセントの位置が変わることもあるので注意しましょう。

■ 母音と子音を正しく発音して読む

- 正しい発音で音読しましょう。
- 語の発音が曖昧で明瞭さに欠けると、聞き手にとって理解しづらくなります。はっきりと発音しましょう。

(!) 見直そう

Unit 1 Speaking Test Questions 1-2 (p.26-27)で録音した自分の解答を聞いてみましょう。

＊発音はわかりやすいか　　　　　　＊意味や文の構造にあわせて区切っているか
＊イントネーションやアクセントは適切か　＊重要な語句を強調しているか
＊落ち着いて音読しているか

すらすら言えるようになるまで、何度も練習するとよいでしょう。

解答例の詳しい解説

解答例 **7**　　太字：強調して音読しているところ　　⬊：イントネーション　　／：区切りを入れているところ

You have **reached** the **Mondale Dental Clinic telephone message center**. /

Currently, / **no** one is **available** to take your **call**. /

Regular office hours / are from **nine o'clock** / to **five o'clock**. /

If you **leave** a **message**, / we will **return** your call / as **soon** as **possible**. /

Be **sure** to include your **name**, / **daytime telephone number**, / and the **reason** for your **call**.

訳　こちらはMondale歯科医院の留守番電話センターです。現在、電話に出られる者がおりません。通常の診療時間は9時から5時までです。伝言を残していただければ、できるだけ早く折り返しお電話をいたします。お名前、日中に連絡が取れる電話番号、そして電話をされた理由を必ず入れてください。

- 母音、子音ともに、それぞれの音をはっきりと、上手に発音しています。
- nine o'clock to five o'clockのnine o'clockとfive o'clockのように、意味の上で重要な語句を強く読む一方で、toは強く読んでいません。
- 途中で急いだり止まったりすることなく、一定のスピードで読んでいます。
- name, daytime telephone number, and the reason for your callのような情報を列挙するために、区切りをうまく入れながら読んでいます。

※解答例の音声を基に解説したものです。
音声を聞きながら確認しましょう。

◆ 練習方法 ◆
- 解答時間 (45秒)を計って練習してみましょう。
  焦ってしまうと速く音読する、読み飛ばす、つかえるなどしてしまうかもしれません。落ち着いて、イントネーションやアクセント、区切りや強弱といった注意点に気を配りながら、丁寧に読みましょう。

- アナウンサーが話す英語などを注意深く聞きましょう。本書の設問や、類似した短い英文を英字新聞やインターネットで探してできるだけたくさん音読練習をするとよいでしょう。

- 自分の声を録音して、改善すべき点を入念にチェックするとよいでしょう。

> **(!) 再挑戦しよう**
>
> Unit 1 Speaking Test Questions 1-2 (p.26-27)に再挑戦しましょう。
> 録音機器を使い、自分の解答を録音して確認しましょう。
> すらすら言えるようになるまで、何度も練習しましょう。
> 本書の設問だけでなく、さまざまな英文を利用して練習するとよいでしょう。

🎧 8 **Directions:** In this part of the test, you will read aloud the text on the screen. You will have 45 seconds to prepare. Then you will have 45 seconds to read the text aloud.

Question 1 Does your company hold large celebrations, meetings, or conferences? If the answer is yes, then we have the perfect venue for you. The Capital Events Center in Lakehurst Plaza is conveniently located and can accommodate more than one thousand people. It's no wonder businesses have made it the number one location for corporate events.

Question 2 On behalf of the board of Sencap Corporation, the president, and all of our officers, I welcome you to our fourth annual sales conference. We have planned some great sessions to introduce you to our new product line, the XTD Series, which we think is a true breakthrough for our industry. So without further delay, let me introduce your team leaders.

準備

1 Directionsの内容を把握する

2 準備時間中に、英文を確認する

- 発音、イントネーションやアクセント、区切りなどに注意しながら英文に目を通す

解答

3 解答する

- 英語らしくわかりやすい発音とリズムで音読する
- 実際に英語でアナウンスをしているつもりで音読する

Directions: In this part of the test, you will read aloud the text on the screen. You will have 45 seconds to prepare. Then you will have 45 seconds to read the text aloud.

Question 1   If you are looking for a new television, look no further than Vance Electronics' Big Weekend Sale. On Saturday, many of our most popular televisions will be on sale starting at ten A.M. We carry only the top name brands, like Ultravision, Beechwood, and TKC. Come in this weekend and see what we have to offer. You won't be disappointed!

Question 2   The topic of today's program is how to use Add-Fast Accounting Software, and your instructor is David Blair. He'll teach you everything you need to know about using this unique, time-saving software program. First, David will introduce you to the basic tasks of creating a spreadsheet, entering data, and saving it.

準備

1 Directionsの内容を把握する

2 準備時間中に、英文を確認する
- 発音、イントネーションやアクセント、区切りなどに注意しながら英文に目を通す

解答

3 解答する
- 英語らしくわかりやすい発音とリズムで音読する
- 実際に英語でアナウンスをしているつもりで音読する

（Directionsの訳はp.54を参照してください。）

Question 1

練習1、2に共通して以下の記号を使用しています。
太字：強調して音読しているところ　　➘：イントネーション　　／：区切りを入れているところ
※練習1、2の解説はすべて解答例の音声を基にしています。

解答例 10

Does your company **hold large celebrations**, / **meetings**, / or **conferences**? / If the **answer** is **yes**, / then we have the **perfect venue** for you. / The **Capital Events Center** in **Lakehurst Plaza** is **conveniently located** / and can **accommodate** more than **one thousand people**. / It's **no wonder** / **businesses** have **made** it the **number one location** / for **corporate events**.

訳

御社では大規模な祝賀会や会合、協議会を行いますか。答えが「イエス」であれば、御社にぴったりの会場がございます。Lakehurst PlazaにあるCapitalイベントセンターは交通の便のよい場所に位置しており、1,000名以上を収容できます。企業様が当センターを、企業の催事に最適な場所とみなしているのも不思議ではありません。

解説

- 強調や意味のまとまりごとの区切り、上げ調子や下げ調子の使い方が文書に適しています。
- 意味の上で重要な語句であるlarge celebrations、meetings、conferences、perfect venue、conveniently located、number one locationなどを強く読んでいます。
- 1文目の最後のconferences（↗）を上げ調子で読むことで、この文が疑問文であることを示しています。また、2文目の終わりのperfect venue for you（↘）と、最後の文の終わりのfor corporate events（↘）を下げ調子で読むことで、まとまった考えを伝える文であることを示しています。
- 語句を意味のまとまりごとに区切って読んでいます。
- 全体的に流暢で、それぞれの語が非常にわかりやすく発音されています。

Question 2

解答例 11

On **behalf** of the **board** of **Sencap Corporation**, / the **president**, / and **all** of our **officers**, / I **welcome** you to our **fourth annual sales conference**. / We have **planned** some **great sessions** to **introduce** you to our **new product line**, / the **XTD Series**, / which we think is a **true breakthrough** for our **industry**. / So **without further delay**, / let me **introduce** your **team leaders**.

訳

Sencap社の取締役会、代表取締役ならびに全役員を代表し、第4回年次販売会議に皆さんを歓迎します。私たちは新製品、XTDシリーズを紹介するために、すばらしいセッションをいくつか企画しており、このシリーズが業界に真の革新をもたらすと考えています。それでは早速、皆さんのチームリーダーたちを紹介します。

解説

- 強調や意味のまとまりごとの区切りを非常にわかりやすく読んでいます。
- Sencap Corporationやpresident、fourth annual sales conference、XTD Seriesなどの意味上重要な語句を強く読んでいます。
- So without further delayとlet me introduce your team leadersの間を区切るなど、意味のまとまりを示して読んでいます。
- 発音は全体的にはっきりしています。また、イントネーションもうまく使っているので、聞き手は苦労することなく話についていくことができます。

練習 2　解答例と解説

（Directionsの訳はp.54を参照してください。）

Question 1

> 解答例 12
>
> If you are **looking** for a **new television**, / **look no further** than Vance Electronics' Big Weekend Sale. /
>
> On **Saturday**, / **many** of our **most popular televisions** will be on **sale starting** at ten A.M. / We
>
> **carry** only the **top name brands**, / like **Ultravision**, / **Beechwood**, / and **TKC**. / **Come in** this
>
> **weekend** and **see** what we **have to offer**. / You **won't** be **disappointed**!

> 訳
>
> 新しいテレビをお探しでしたら、Vance Electronicsの「特大週末セール」をおいてほかにありません。土曜日には、当店で最も人気の高いテレビの多くが、午前10時にセール開始となります。当店では、Ultravision、Beechwood、そしてTKCのような一流ブランドのみを取り扱っております。今週末にご来店いただき、当店が提供する品物をご覧ください。きっとご満足いただけます。

解説
- 文書の内容を伝えるために、適切なイントネーションが使われています。
- Big Weekend SaleやSaturdayなど、意味の上で重要な語句をより強く、正しいアクセントで読んでいます。
- 3つのブランド名を列挙するために正しいイントネーションを使っています。最初の2つ、Ultravision（↗）, Beechwood（↗）を上げ調子、3つめのTKC（↘）を下げ調子で読み、文の終わりを示しています。
- If you are looking for a new television, など、文末やカンマのところで、区切りを意識して入れて読んでいます。
- disappointedのように複数の音節があるものも含め、語句を正しいアクセントで読んでいます。
- 語句の発音に母語の影響は少ないので、ネイティブスピーカーも英語に堪能なノンネイティブスピーカーも、解答者の英語を難なく理解できるでしょう。

Question 2

> 解答例 13
>
> The **topic** of today's **program** is **how** to use **Add-Fast Accounting Software**, / and **your instructor** is
>
> **David Blair**. / He'll **teach** you **everything** you need to **know** about using this **unique**, / **time-saving**
>
> **software program**. / **First**, / **David** will **introduce** you to the **basic tasks** of **creating** a **spreadsheet**, /
>
> **entering data**, / and **saving** it.

> 訳
>
> 本日の講座のテーマはAdd-Fast会計ソフトウェアの使い方で、講師はDavid Blairです。この、ほかに類を見ない、時間の節約となるソフトウェアのプログラムを使うにあたり、知っておくべきことをすべて、彼がお教えします。まず、Davidは、表計算ソフトの作成や、データ入力とその保存方法という基本的な作業を皆様にご紹介します。

解説
- 強調や意味のまとまりごとの区切り、上げ調子や下げ調子の使い方が文書に適しています。
- creating a spreadsheet（↗）, entering data（↗）, and saving it（↘）のように、一連の表現の終わりでは、下げ調子をうまく使っています。
- everything you need to know about using this unique, time-saving software programなどのように、文の中にある、意味上の重要な語句を強く読んでいます。
- 発音は非常にわかりやすく、teachのchやsoftwareのft、everythingのthなども正しく発音できています。
- 語句が正しく発音されているので、ネイティブスピーカーも英語に堪能なノンネイティブスピーカーも、解答者の英語を難なく理解できるでしょう。

Describe a picture
Questions 3-4

写真描写問題

Questions 3-4 では、写真の情景を具体的に説明したり、適切に描写したりする能力が測定されます。英語のネイティブスピーカーにも、英語が堪能なノンネイティブスピーカーにもわかりやすいように話すことが必要です。写真に基づく内容をできるだけたくさん話しましょう。

設問数 2問

準備時間 各問45秒

解答時間 各問30秒

Question 3

画面に表示された写真を見て、その内容を説明する

写真 → （準備指示）Begin preparing now. → ビープ音 → 準備時間45秒 → （解答指示）Begin speaking now. → ビープ音 → 解答時間30秒

Question 4

新しく画面に表示された写真を見て、その内容を説明する

写真 → （準備指示）Begin preparing now. → ビープ音 → 準備時間45秒 → （解答指示）Begin speaking now. → ビープ音 → 解答時間30秒

＊ Question 3 の後、Question 4 は自動的に始まります。

高い採点スケールの解答は

① 写真の情景に合った正確な語句を使って説明している。
② 自然なペースでスムーズに話している。
③ 聞き手にわかりやすいように文を組み立てている。

今の力を発揮するには

● 写真に基づいた内容で何か話せることを話しましょう。写真にあるものの描写や、写真から推測したことを話します。

2 🎧 Speaking Test Questions 3-4 は、以下のような流れで画面に表示されます。
音声ファイルを聞きながら、確認するとよいでしょう。

≪Directions≫

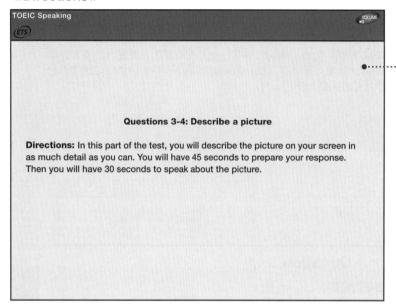

Directionsが画面に表示され、音声でも流れます。
この後、画面は自動的に切り替わります。

≪準備時間≫

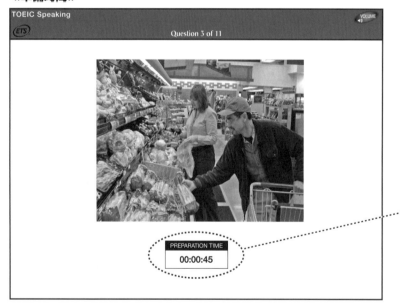

画面にQuestion 3の写真が表示されます。
Begin preparing now.（ビープ音）のナレーションの後に、準備時間のカウントダウンが始まります。

≪解答時間≫

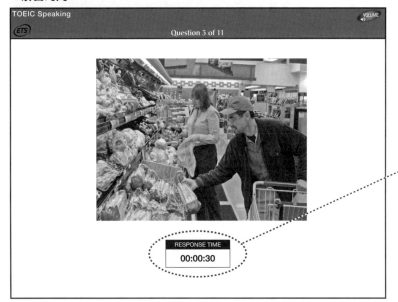

Begin speaking now.（ビープ音)のナ
レーションの後に、解答時間のカウントダ
ウンが始まります。

≪解答時間終了≫

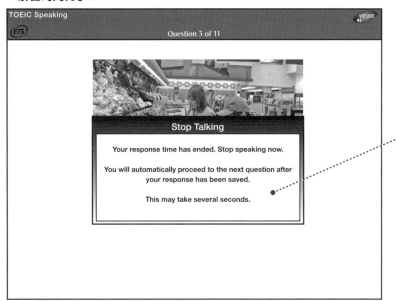

Question 3 の解答時間が終了すると、こ
の画面が表示され、自動的に Question 4
に進んで次の写真が表示されます。
Question 4 の解答時間が終了すると、再
びこの画面が表示され、自動的に次の問題
形式に進みます。

採点ポイント

Speaking Test Questions 3-4 は以下の5点について採点されます。

- 発音
- イントネーション・アクセント
- 文法
- 語彙
- 一貫性

解答は以下の採点ポイントに基づいて0から3で評価されます。

採点スケール	採点ポイント
3	写真の特徴が描写されている • 聞き手が理解しづらい場合もあるが、概ねわかりやすい • 適切な語彙・語句と構文を使っており、言いたいことが首尾一貫した形で表現されている
2	写真と関連はあるものの、意味があいまいな箇所がある • 聞き手が理解しづらい箇所がある • 語彙・語句や構文が限定されており、全体として意味の理解を妨げることがある
1	写真と関連はあるものの、聞き手が理解しやすいように話す能力は、非常に限定されている • 聞き手はかなり理解に苦労する • 適切な語彙・語句や構文を使用する能力が非常に限定されている、または、それにより意味の理解が著しく妨げられてしまう
0	無解答、もしくは解答の中に英語が含まれていない、またはテストと全く関係ないことを答えている

*解答は各採点スケールの採点ポイントに基づいて評価されますが、ポイントのすべてを網羅していなければならないというわけではなく、総合的に評価されます。

解答のプロセス

この問題形式の解答の流れは以下の通りです。
次ページからこの流れに沿って詳しく学習します。

1 | Directions の内容を把握する

課題内容を的確に理解します。

2 | 準備時間中に、写真に基づいて言えることを考える

どのような語句を使うか、キーワードや名詞と動詞などを、45 秒で考えます。

3 | 解答する

30 秒を使って、写真についてできるだけたくさんのことを、聞き手が理解しやすいように話します。

> ＊解答プロセスの詳しい説明には **Unit 1 Speaking Test Question 3**（p.28）を使用します。

> **Directions:** In this part of the test, you will describe the picture on your screen in as much detail as you can. You will have 45 seconds to prepare your response. Then you will have 30 seconds to speak about the picture.

この問題形式
について

2 **準備時間中に、写真に基づいて言えることを考える**

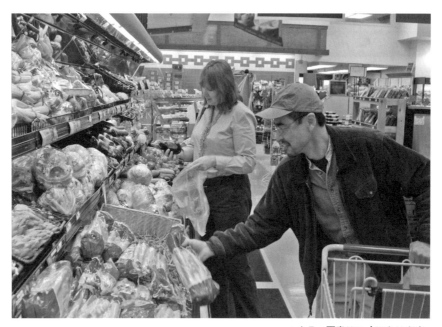

＊カラー写真は **p. i** にあります。

Directions

Questions 3-4 で行うこと（写真を描写する）や、解答時間を確認します。

Directionsにあるように、describe the picture on your screen in as much detail as you can（写真をできるだけ詳しく描写）します。

写真についてできるだけたくさんのことを話しましょう。

準備時間中

45 秒で、写真に基づいてどのようなことが言えるか考えます。

説明する内容と、使う語句などを考えます。語句はできるだけ多く考えておけるとよいでしょう。

写真の主な特徴について話す準備をしましょう。写真の中の状況、登場人物、状態、行っていること、風景や建物など、写真についての描写であれば自由に話すことができます。写真に基づいて意見や推測を述べてもかまいません。

✔ 解答するときに文を作りやすくするために、名詞と動詞を一緒に考えておくとよいでしょう。

例 この設問では以下のような語句を考えておくことができます。
man + pick up
woman + wear

✔ 自分が使いやすい語句を考えます。発音が難しかったり、正しく使う自信のない語句は別の語句に言い換えるとよいでしょう。

例 celery（セロリ）という語を思いついたけれども発音に自信がない場合、fresh vegetables（新鮮な野菜）など自分が言いやすい別の語句を使えればよいのです。

✔ 考えた語句などは、準備時間中に声に出して確認してもかまいません。

✔ 話の流れもあわせて考えておくとよいでしょう。

話にまとまりを持たせます。目についたものをランダムに描写するのではなく、流れを作って説明することで、英語を使いこなせる印象を採点者に与えることができます。

例 ＜概要→詳細＞という流れを作る。
この設問では、「2 人の人物がスーパーマーケットで買い物をしている」といった全体的な内容を最初に説明してから、それぞれの人物の様子を説明することもできるでしょう。

人物について説明を考えるときは、以下のような点を描写することもできます。カラー写真の場合は、色も利用して説明するとよいでしょう。

- 性別や年齢（例：woman、childなど）
- 動作・行動（例：holding、choosingなど）
- 身に着けているもの（例：glasses、black jacketなど）

📖 ひとつのことやものについて話すときにも、さまざまな表現を使ってみましょう。
シンプルな文でも、幅広い表現を使いこなせるという印象を与えることができます。

 解答例 🎧15

This is a picture of a man and a woman in a supermarket. The man is wearing a baseball cap and a black jacket. He is picking up a bag of vegetables with his right hand. Behind the man, there is a woman wearing a green, long-sleeved shirt and black pants. There are a lot of different fresh vegetables on the shelves, such as celery, lettuce, and tomatoes.

＊解答例はすべての採点ポイントに合致し、最も高い採点スケールに評価されるものです。
詳しくはp.66をご覧ください。

 訳　解答例　これは、スーパーマーケットにいる男性と女性の写真です。男性は野球帽をかぶり、黒いジャケットを着ています。彼は右手で袋詰めの野菜を取り上げています。男性の後ろには、緑色の長袖のシャツと黒いパンツを身に着けた女性がいます。棚には、セロリやレタス、トマトなど、さまざまな生鮮野菜がたくさんあります。

解答時間中

30秒で、2の準備時間に考えた内容と語句を使って話します。

この解答例では、This is a picture of a man and a woman in a supermarket. と最初に写真の概要を述べてから、それぞれの人物を描写しています。

> ✔ 自分のペースでゆっくり、はっきりと話すことを心がけましょう。
> 最初は速い速度で話し、後半になると黙ってしまうことはよくありません。聞き手に対して写真を説明するつもりで、自然なスピードを保つようにしましょう。

> ✔ 写真に写っている物を表す語句がわからない場合は、自分が使える単語や表現で言い換えましょう。

例　eggplant（なす）という単語を言い換えて、

I don't know the exact name of the vegetable the woman is holding, but she is looking at some kind of vegetable.

（女性が持っている野菜の正確な名前はわかりませんが、彼女はある種の野菜を見ています。）

物の種類や正式名称が問われる設問ではありません。きちんと説明していれば、語句を言い換えても高い採点スケールに評価されることは可能です。

> 📖 考えていたことを話し尽くしてしまったら、もう一度写真を見直してみます。注意深く見れば、もっと多くのことに気づくでしょう。写真に基づいて自分の意見を述べたり、物語を考えてもかまいません。できるだけ正確な語句と発音でスムーズに話すようにします。

例　Since they are selecting vegetables, I think they want their families to eat more of them.

（野菜を選んでいるので、彼らは家族にもっと野菜を食べさせたいと考えていると、私は思います。）

The man and the woman in the picture are neighbors and they often go grocery shopping together.

（写真の男性と女性は隣人で、よく一緒に食料品の買い物をします。）

> ⓘ **見直そう**
>
> **Unit 1 Speaking Test Questions 3-4**（p.28-29）で録音した自分の解答を聞いてみましょう。
>
> ＊準備時間に何をしたか
> ＊聞き手が理解しやすいように話したか
> ＊話の流れはよいか
> ＊できるだけ多くのことを話したか
> ＊写真に基づいたことを話したか
>
> 解答のプロセスを振り返り、改善点を考えます。
> 解答を書き出し、よく考えて修正することも効果的でしょう。

その他の表現例

■ 写真の概要を述べる

- This is a picture of two men riding on a bicycle.

  これは自転車に乗った2人の男性の写真です。

- This photograph shows a beach in a resort area.

  この写真は、リゾート地の海岸を写しています。

- This photograph was taken at an airport.

  この写真は、空港で撮影されました。

- In the picture, I can see some people visiting a museum.

  写真には、博物館を訪れている数人が見えます。

■ 写真の中で位置を示す（下の写真を例に）

- In the background of the picture, there are two whiteboards set next to each other on the wall.

  写真の奥には、2つのホワイトボードが隣り合わせて壁に設置されています。

- On the right side of the picture, one of the female students is standing behind the projector and giving a presentation to the class.

  写真の右側では、女子学生の1人がプロジェクターの後ろに立って、クラスに発表を行っています。

*カラー写真は
p. v にあります。

- On the left side of the picture, another female student is sitting behind a male student.

  写真の左側には、別の女子学生が男子学生の後ろに座っています。

- In the middle of the picture, I can see a male student listening to the presentation in front of the screen.

  写真の中央には、1人の男子学生がスクリーンの前で発表を聞いているのが見えます。

- In the foreground of the picture, a female student is taking notes during the presentation.

  写真の手前では、1人の女子学生が発表の間にノートを取っています。

72

■ 写真について推測を示す

- It looks like a picture of a musical performance. これはミュージカルの公演の写真のようです。

- I think these customers are lined up to buy a newly released product.

  これらの客たちは、新しく発売された商品を買うために並んでいるのだと思います。

- The two people are **probably** trying to catch the train. 2人はおそらく、電車に乗ろうとしているのでしょう。

■ 人や物の位置関係を示す（下の写真を例に）

- A family is eating while sitting **at** a table outside. 家族が屋外でテーブルについて食事をしています。

- A woman wearing glasses is sitting **across from** one of her daughters with very long hair.

  メガネをかけた女性は、非常に長い髪をした娘のうちの1人の向かいに座っています。

- A boy with glasses is sitting **between** his father **and** his sister, facing **toward** his mother.

  メガネをかけた男の子は、母親のほうを向きながら、父と姉の間に座っています。

- Another daughter sits **next to** her mother. もう1人の娘は母親の隣に座っています。

- I can see a couple of plastic bottles **on** the table. テーブルの上に2～3本のペットボトルが見えます。

- There is a wooden bench **beside** the table. テーブルのそばに木製のベンチがあります。

- Many vehicles have been parked **along** the sidewalk. 歩道に沿ってたくさんの車両が駐車されています。

＊カラー写真は **p. v** にあります。

解答例の詳しい解説

＊ 1 などの数字は何文目かを表しています。

＊カラー写真は p. i にあります。

1 This is a picture of a man and a woman in a supermarket. **2** The man is wearing a baseball cap and a black jacket. **3** He is picking up a bag of vegetables with his right hand. **4** Behind the man, there is a woman wearing a green, long-sleeved shirt and black pants. **5** There are a lot of different fresh vegetables on the shelves, such as celery, lettuce, and tomatoes.

訳 これは、スーパーマーケットにいる男性と女性の写真です。男性は野球帽をかぶり、黒いジャケットを着ています。彼は右手で袋詰めの野菜を取り上げています。男性の後ろには、緑色の長袖のシャツと黒いパンツを身に着けた女性がいます。棚には、セロリやレタス、トマトなど、さまざまな生鮮野菜がたくさんあります。

1文目 まず、写真の全体的な内容について This is a picture of a man and a woman in a supermarket. と述べています。

2文目 写真の右側（手前）にいる男性について詳しい描写を始め、男性が身に着けているものについて、The man is wearing a baseball cap and a black jacket. と、現在進行形を使って述べています。

3文目 続けて、男性の動作について、He is picking up a bag of vegetables with his right hand. と、現在進行形を使って述べています。「右手で」と具体的に描写することによって、男性の動作を詳しく説明しています。

4文目 Behind the man と、直前まで描写していた男性との位置関係を表す表現から始めて、女性の描写に移っています。there is a woman wearing a green, long-sleeved shirt and black pants と、女性の衣服の色や形に言及しています。

5文目 最後に、人物から写真の左側に写っている陳列棚へと視点を移し、There are a lot of different fresh vegetables on the shelves, such as celery, lettuce, and tomatoes. と説明しています。

🎀

- ＜概要→詳細＞という流れで、聞き手が理解しやすい構成になっています。
- 写真の主な 2 つの特徴（写真の焦点となっている男性と女性）と、より細かい特徴（人物の服装や背景にある野菜）の両方について述べています。
- 使用している語彙や文法のほとんどは基本的なものですが、明確で効果的に使われています。
- 話し方は常にスムーズで一貫しており、聞き手が苦労せずに聞き取ることができます。

この設問で使えるその他の表現例

- A man and a woman are standing in an aisle in a grocery store.

  男性と女性が、食料品店の通路に立っています。

- They look like they are enjoying selecting vegetables.　彼らは野菜を選ぶのを楽しんでいるように見えます。
- Both of them are looking at vegetables.　彼らは2人とも野菜を見ています。
- The man is wearing glasses and he has a mustache.　男性はメガネをかけていて、口ひげがあります。
- The woman is holding an eggplant in her right hand and looking at it.

  女性は右手でなすを持って、それを見ています。

- I think the woman is thinking about what to cook for dinner tonight with the eggplant.

  女性はなすを使って今日の夕食に何を料理すべきか考えていると思います。

- The man may be choosing a bag of vegetables because it's fresh.

  男性は、新鮮なので、袋詰めの野菜を選んでいるのかもしれません。

- The man seems to be looking at how fresh the vegetables are.

  男性は、その野菜がどのくらい新鮮なのか見ているようです。

◆ 評価について ◆

- 準備時間に、3文以上は言えるように準備できるとよいでしょう。採点のポイントはいくつもありますが、採点スケール1以上をとるためには、少なくとも3文程度は必要でしょう。

- 写真に写っているものをひと通り説明しても時間が余ったら、写真についての自分の意見や推測を述べるようにします。解答時間終了を知らせる画面が表示されるまで話し続けましょう。採点者は、解答を最初から最後まですべて聞くので、話したことのすべてがより高い評価につながる可能性があります。

- 主語と動詞の不一致など、自分で間違いに気づいたら言い直します。採点者は、受験者が準備時間が短い状態で話していることを理解しています。

- 意味の理解を妨げない多少のミスは採点には影響しませんが、より高い採点スケールを得るために、次のような点にできるだけ注意しましょう。
    語彙：　知っている語句を適切に使う
    流暢さ：正しい英語でできるだけスラスラ話す
    発音：　相手が容易に理解できるように話す
    話し方：一定でスムーズな、英語らしいリズムで話す

◆ 練習方法 ◆

- いろいろな写真を使って、できるだけ多くのことを声に出して練習しましょう。練習を重ねれば、より流暢に話せ、より簡単に文章を作れるようになるはずです。

(!) **再挑戦しよう**

Unit 1 Speaking Test Questions 3-4(p.28-29)に再挑戦しましょう。
録音機器を使い、自分の解答を録音して確認しましょう。
解答を書き出し、修正して何度も声に出して練習すると効果的です。
解答例や表現例を活用しながら表現の幅を広げましょう。

- MEMO

＊Questions 3-4 のカラー写真は、p. vi にあります。

 Directions: In this part of the test, you will describe the picture on your screen in as much detail as you can. You will have 45 seconds to prepare your response. Then you will have 30 seconds to speak about the picture.

Question 3

準備

1 Directions の内容を把握する

2 準備時間中に、写真に基づいて言えることを考える
- 45 秒間で、写真に関連する語句を考える
  ▶ 使用する名詞と動詞を思い浮かべておくと、解答するときに役立つでしょう。
- 発音が難しい語や使い方に自信がない語句は、別の表現に置き換える
- 話す流れや構成も考える

解答

3 解答する
- 聞き手が理解しやすいように話す
- 解答時間終了まで、できるだけたくさん話す
- 途中で言えることがなくなっても、再度写真をよく見て、まだ描写していないことを探したり、写真について自分の意見や推測を述べる

Question 4

＊Questions 3-4 のカラー写真は、p. vii にあります。

17 **Directions:** In this part of the test, you will describe the picture on your screen in as much detail as you can. You will have 45 seconds to prepare your response. Then you will have 30 seconds to speak about the picture.

Question 3

準備

1 Directions の内容を把握する

2 準備時間中に、写真に基づいて言えることを考える
- 45 秒間で、写真に関連する語句を考える
  ▶ 使用する名詞と動詞を思い浮かべておくと、解答するときに役立つでしょう。
- 発音が難しい語や使い方に自信がない語句は、別の表現に置き換える
- 話す流れや構成も考える

解答

3 解答する
- 聞き手が理解しやすいように話す
- 解答時間終了まで、できるだけたくさん話す
- 途中で言えることがなくなっても、再度写真をよく見て、まだ描写していないことを探したり、写真について自分の意見や推測を述べる

Question 4

（Directionsの訳はp.68を参照してください。）

Question 3

解答例 18

I see a number of people gathered outdoors in this picture. People are dressed casually, with some people wearing sneakers and shorts. Perhaps it is a weekend day, and they are enjoying the day off of work. One man on the left is holding a bicycle. To the right, some men wearing sunglasses are talking about something. Off to the side, two people sit together.

解答例・訳

この写真には、屋外に集まった大勢の人たちが見えます。人々はカジュアルな服装をしていて、何人かはスニーカーと短パンをはいています。おそらく、これは週末で、彼らは仕事のない1日を楽しんでいるのでしょう。左側にいる男性は自転車を手でつかんでいます。その右側では、サングラスをした数人の男性が何かを話しています。その脇では、2人が一緒に座っています。

解説
- 写真の主な特徴である人物や自転車について説明しています。
- 冒頭のI see a number of people gathered outdoorsや、2文目のPeople are dressed casuallyのように、さまざまな語彙を適切に選んで使っています。
- 3文目のPerhaps it is a weekend dayやthey are enjoying the day off of workのように、写真の状況から推測したことを述べて、詳細を付け加えています。
- 4文目のOne man on the left is holding a bicycle.や、5文目のsome men wearing sunglasses are talking about somethingのように、変化に富んだ文法構造を使うことで、写真の状況を論理的に説明しています。
- 6文目のOff to the sideは、Towards the back of the pictureと言うこともできます。
- 話し方は非常にわかりやすく、聞き取りやすい解答です。

Question 4

解答例 19

In this picture, uh, there are two people—a man and a woman. They are next to a fire. The man is sitting on a bench, and the woman is standing up. I think the woman is giving the man some wood for the fire. It must be cold in that room, because the man and woman are wearing their jackets.

解答例・訳

この写真には、ええと、二人の人物がいます。男性と女性です。彼らは炉火の隣にいます。男性はベンチに座っていて、女性は立っています。私は、女性が男性に火にくべる木材を渡しているところだと思います。その部屋の中は寒いに違いありません。なぜなら、男性と女性はジャケットを着用しているからです。

解説
- 写真の主な特徴を効果的に描写しています。
- 前半の1文目や2文目で、there are two peopleやThey are next to a fire.といったように、大まかな点を説明しています。
- その後、4文目のthe woman is giving the man some wood for the fireのように、より具体的な事柄を伝えています。
- 話し方については、話す事柄の合間に間はありますが、聞き手にとって理解しやすい解答となっています。

$$\widehat{}\ 練習\ 2\ \ 解答例と解説\ \widehat{}$$

（Directionsの訳はp.68を参照してください。）

Question 3

解答例 20	解答例・訳
Three individuals are working in a basic office setting. However, this office space has been taken over to do some type of packaging. One man has a cart carrying a single box, while two women are passing a small package between them. I imagine they're shipping out materials produced by a large project, and this is the staging area. There are several large rolling carts.	3人が簡素なオフィス環境で働いています。しかし、このオフィス空間は、ある種の梱包作業をするのに占有されています。男性はひとつの箱を載せたカートを運び、一方で2人の女性が互いの間で小さな荷の受け渡しをしています。私が想像するには、彼らは大きなプロジェクトによって製造された資材を出荷しているところで、これは荷物の集積所です。大きな台車がいくつかあります。

解説

- ネイティブスピーカーにも、英語に堪能なノンネイティブスピーカーにもわかりやすい言葉で説明することができています。
- 1文目のbasic office settingや4文目のstaging areaなどの語句、2文目にあるつなぎ言葉のHoweverや動詞句take overなどを使って、写真の主な特徴を適切に述べています。
- 写真の中で主に行われている行動を描写するだけでなく、4文目のI imagine they're shipping out materials produced by a large projectのように、写真から推測した内容を述べています。このように詳しい情報を付け加えることで、聞き手は説明されている内容を理解しやすくなります。
- 聞き取りやすい話し方です。

Question 4

解答例 21	解答例・訳
I think this photo is taken at a restaurant or a cafeteria. Some people are waiting in line to order food. Behind the counter, there are some employees serving food. I see some rice cookers on the counter, and many different types of food. Oh, it looks delicious!	私は、この写真はレストランかカフェテリアで撮影されていると思います。何人かの人たちが、食べ物を注文するために列に並んで待っています。カウンターの後ろには、食べ物を提供する従業員が数人います。カウンターの上には幾つかの炊飯器と、たくさんのいろんな種類の食べ物が見えます。ああ、おいしそうです。

解説

- 写真の主要な要素を捉え、冒頭の文でat a restaurant or a cafeteriaと場面を述べています。
- 2文目でpeople are waiting in line to order foodと、写真の概要となる状況を伝えています。
- 3文目と4文目で、カウンターの後ろにいる人物やカウンター上にあるものなど、詳細について適切に補足しています。
- 発話の合間に間はありますが、話し方は概ね滑らかで、聞き手にとって理解も容易です。

Respond to questions
Questions 5-7

応答問題

Questions 5-7 では、日常または職場での会話を適切な言葉を使って行う能力や、身近な話題について情報を求められたときに、素早く正確に答える能力が測定されます。身近な話題に関する3つの質問に対して、自分自身の経験や考えなどに基づいて答えましょう。

設問数 3問

準備時間 各問の前に3秒

解答時間 Question 5 と Question 6 は15秒、Question 7 は30秒

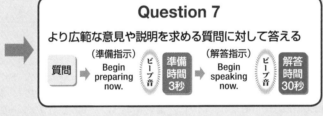

Question 5
情報を求める質問に対して答える

質問 ➡ （準備指示）Begin preparing now. ➡ ビープ音 ➡ 準備時間3秒 ➡ （解答指示）Begin speaking now. ➡ ビープ音 ➡ 解答時間15秒

Question 6
情報を求める質問に対して答える

質問 ➡ （準備指示）Begin preparing now. ➡ ビープ音 ➡ 準備時間3秒 ➡ （解答指示）Begin speaking now. ➡ ビープ音 ➡ 解答時間15秒

Question 7
より広範な意見や説明を求める質問に対して答える

質問 ➡ （準備指示）Begin preparing now. ➡ ビープ音 ➡ 準備時間3秒 ➡ （解答指示）Begin speaking now. ➡ ビープ音 ➡ 解答時間30秒

＊質問文は画面にも表示されます。

高い採点スケールの解答は

① ビープ音の後、長い間を置かずに答えている。
② 長く解答する必要はないが、適切な言葉を使い、誰かの質問に答えているように話している。

今の力を発揮するには

- 話し始める前の「間」が長すぎると、自然な会話のように聞こえません。自然なリズムで話しましょう。
- 複数の内容を質問されている場合、すべてに答えることが難しくても、わかることは答えましょう。

テストでの画面の流れ

🎧 **3** Speaking Test Questions 5-7 は、以下のような流れで画面に表示されます。
音声ファイルを聞きながら、確認するとよいでしょう。

≪ Directions ≫

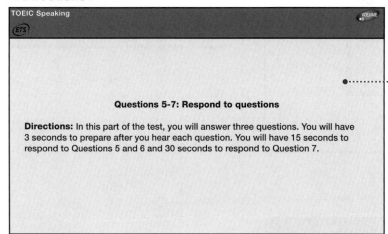

Directionsが画面に表示され、音声でも流れます。
この後、画面は自動的に切り替わります。

≪ 会話の状況 ≫

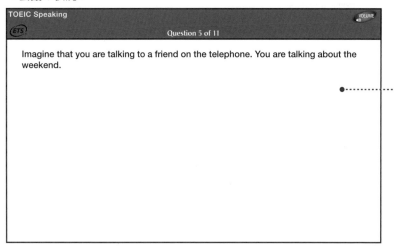

場面についての説明が表示され、音声でも読み上げられます。

≪ Question 5 ≫

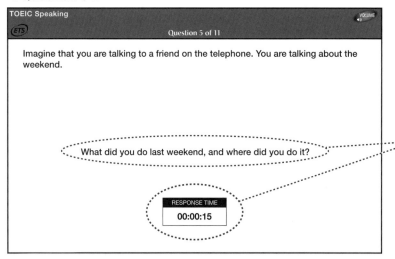

画面の質問文が読み上げられ、Begin preparing now.（ビープ音）のナレーションの後に3秒の準備時間のカウントダウンが始まり、それが終わるとBegin speaking now.（ビープ音）のナレーションの後に15秒の解答時間のカウントダウンが始まります。

＊ここでは準備時間の画面は省略しています。

≪Question 5 解答時間終了≫

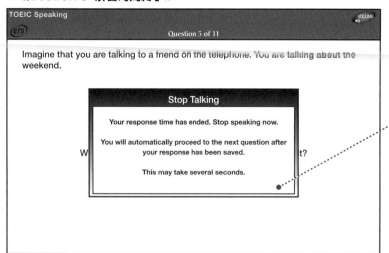

解答時間が終了すると、この画面が表示され、自動的に次の質問に進みます。
画面が変わるまで、数秒かかります。

≪Question 6 ≫

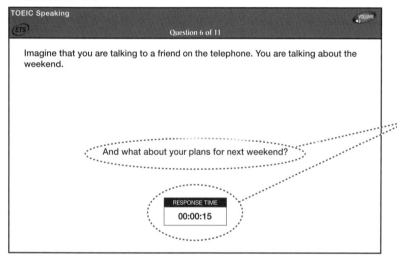

画面の質問文が読み上げられ、Begin preparing now.（ビープ音）のナレーションの後に3秒の準備時間のカウントダウンが始まり、それが終わるとBegin speaking now.（ビープ音）のナレーションの後に15秒の解答時間のカウントダウンが始まります。

＊ここでは準備時間の画面は省略しています。

≪Question 6 解答時間終了≫

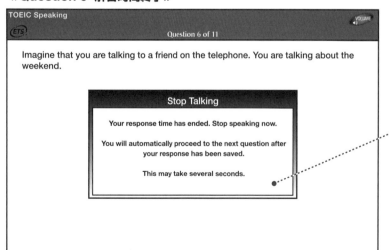

解答時間が終了すると、この画面が表示され、自動的に次の質問に進みます。
画面が変わるまで、数秒かかります。

≪**Question 7** ≫

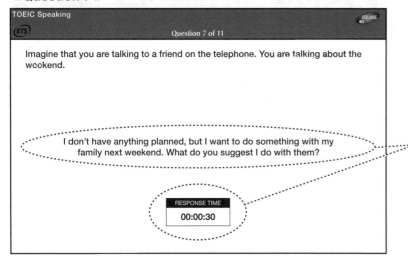

画面の質問文が読み上げられ、Begin preparing now.（ビープ音）のナレーションの後に３秒の準備時間のカウントダウンが始まり、それが終わるとBegin speaking now.（ビープ音）のナレーションの後に30秒の解答時間のカウントダウンが始まります。

＊ここでは準備時間の画面は省略しています。

≪**Question 7　解答時間終了**≫

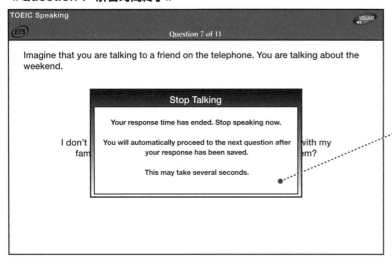

解答時間が終了すると、この画面が表示され、自動的に次の問題形式に進みます。

採点ポイント

Speaking Test Questions 5-7 は以下の7点について採点されます。

- 発音
- イントネーション・アクセント
- 文法
- 語彙
- 一貫性
- 内容の妥当性
- 内容の完成度

解答は以下の採点ポイントに基づいて0から3で評価されます。

採点スケール	採点ポイント
3	解答は質問に対して十分で、関連性があり、社会的にも適切な応答ができている • 聞き手はすんなりと理解できる • 適切な語彙・語句を使っている • 課題に合った構文を使って答えている
2	質問に対してはある程度適切に答えているが、完全ではなく、適切でない部分もある • 聞き手が理解しづらい箇所があるが、概ね理解できる • 全体的な意味ははっきりしているものの、語彙・語句が限定されていたり、やや適切でない場合がある • 構文の使用が不適切なため、聞き手が理解するためには多少の努力を要する • 提示された情報に基づく課題に関しては、資料や文書から関連した情報を見つけることができるが、それらを関連のない情報と区別したり、聞き手が理解しやすいように言い換えることはできない
1	質問に対して十分に答えていない。関連する情報が十分に伝わっていない • 聞き手は理解するのにかなり苦労する • 語彙・語句が不正確であったり、設問と同じ内容を繰り返す • 構文の使用が不適切なため、意味の理解が妨げられてしまう
0	無解答、もしくは解答の中に英語が含まれていない、またはテストと全く関係ないことを答えている

＊解答は各採点スケールの採点ポイントに基づいて評価されますが、ポイントのすべてを網羅していなければならないというわけではなく、総合的に評価されます。

解答のプロセス

この問題形式の解答の流れは以下の通りです。
次ページからこの流れに沿って詳しく学習します。

1 Directionsの内容を把握する

課題内容を的確に理解します。
どのような状況での会話かを的確に理解します。

2 Question 5を画面と音声で確認し、解答する

Questions 5-7 は、質問文に含まれる疑問詞に特に注意し、何がたずねられているかを把握します。
ビープ音の後、長い間を置かずに、たずねられている内容を答えます。
できる限りはっきりと、相手に伝わるように話しましょう。

3 Question 6を画面と音声で確認し、解答する

4 Question 7を画面と音声で確認し、解答する

*解答プロセスの詳しい説明には Unit 1 Speaking Test Questions 5-7 (p.30-31) を使用します。

Directions の内容を把握する

🎧 22

Directions: In this part of the test, you will answer three questions. You will have 3 seconds to prepare after you hear each question. You will have 15 seconds to respond to Questions 5 and 6 and 30 seconds to respond to Question 7.

> この問題形式
> について

2 Question 5 を画面と音声で確認し、解答する

🎧 23 Imagine that you are talking to a friend on the telephone. You are talking about the weekend.

> 会話の状況に
> ついての説明

🎧 24 What did you do last weekend, and where did you do it?

> Question 5

解答例 🎧 25

Last weekend, I went to a shopping center and bought a new computer.

訳 **ディレクション：**この問題では、3つの質問に答えます。各質問を聞いた後、3秒の準備時間があります。Question 5 と Question 6 には 15 秒で、Question 7 には 30 秒で解答してください。

あなたは電話で友人と話しているところだと想像してください。あなたたちは週末について話しています。

Question 5 先週末にあなたは何をしましたか。そして、どこでそれをしましたか。

解答例 先週末、私はショッピングセンターへ行き、新しいコンピューターを買いました。

Directions

Directions

Questions 5-7 で行うこと（3 つの質問に答える）や、解答時間を確認します。

会話の状況を把握する

電話での会話や調査などが出題され、画面と音声で確認できます。
この設問では、電話で週末について友人と話しているところです。
この説明は Questions 5-7 の間、画面に表示され続けます。

Questions 5-7 は同じ場面での会話という設定なので、関連した話題について質問されます。

> ☑ 実際に電話で話しているように答える能力が測定されるので、どのような場面の会話なのか
> を把握しておくことが大切です。

Question 5

Question 5

質問が読み上げられた後、準備指示とともにビープ音が鳴り、3秒の準備時間が与えられます。その後、
解答指示とともに再度ビープ音が鳴るので、15秒以内に解答します。質問は画面にも表示されます。

質問を理解する

次の表を参考に、疑問詞に特に注意して質問を理解します。

疑問詞	答えるべき内容
What	何か、どんなもの（こと）か
When	時
Who	人物
Why	理由
Where	場所
How	何かのやり方
How many	数
How much	量（重さや金額など）
How long	距離、期間

この質問では、次の内容がたずねられています。

What did you do last weekend, and **where** did you do it?　先週末**どこ**で**何を**したか。

解答

解答する

自然で流暢に応答するために、発音やリズム、強調、イントネーションといった点にも気をつけま
しょう。たずねられていることに的確に答え、流暢に話していれば、シンプルな 1 文だけでもかま
いません。

Questions 5-7 に解答する際には、以下のような点を注意するとよいでしょう。

> 📖 質問に対する応答が自然な会話として成立するよう、ビープ音から不自然に長い間を置かずに解答を始めると、
> よりよい評価につながります。そのためには、たずねられている内容をしっかりと把握することが重要です。

> 📖 話している途中で解答時間が終わり、解答が途切れても、評価に影響はありません。話し終わったところまでで
> 評価されます。また、質問に的確に答えていれば、時間が余ってもかまいません。

> 📖 解答の内容は自由です。質問に的確に答えている限り、自分が考えた内容で答えてかまいません。

3 │ Question 6 を画面と音声で確認し、解答する

Imagine that you are talking to a friend on the telephone. You are talking about the weekend.

 26 And what about your plans for next weekend?

Question 6

解答例 **27**

I'm going to visit an old school friend who lives in the countryside. I think we're going to do some hiking and maybe visit some tourist destinations.

4 │ Question 7 を画面と音声で確認し、解答する

Imagine that you are talking to a friend on the telephone. You are talking about the weekend.

Question 7

 28 I don't have anything planned, but I want to do something with my family next weekend. What do you suggest I do with them?

解答例 **29**

There's a great baseball stadium nearby, so you could check to see if there are any tickets available for the baseball game on Saturday night.

＊解答例はすべての採点ポイントに合致し、最も高い採点スケールに評価されるものです。
詳しくはp.88 をご覧ください。

 訳   **Question 6**   そして、次の週末の予定はどうですか。

解答例   私は、田舎に住んでいる古い学友を訪ねます。私たちはハイキングをする予定で、観光地を数か所訪ねるかもしれません。

Question 7   私には予定していることは何もありませんが、次の週末は家族と一緒に何かをしたいと思います。あなたは、私が家族と何をすることを勧めますか。

解答例   近くにすばらしい野球場があるので、土曜日の夜の野球の試合のチケットが手に入るかどうかを確かめてみてはどうですか。

Question 6

Question 6

Question 5 の解答時間が終了すると、自動的に画面が変わり Question 6 の質問が読み上げられます。準備指示とともにビープ音が鳴り、3秒の準備時間が与えられます。その後、解答指示とともに再度ビープ音が鳴るので、15秒以内に解答します。質問は画面にも表示されます。

質問を理解する

Question 5 と同様に、p.91 の表を参考にして、疑問詞に特に注意して理解します。

この質問では、次の内容がたずねられています。
What about your plans for next weekend?　次の週末の予定は**どう**か。

解答

解答する

ビープ音から不自然に長い間を置かずにはっきり自然な英語で話します。

Question 7

Question 7

Question 6 の解答時間が終了すると、自動的に画面が変わり Question 7 の質問が読み上げられます。準備指示とともにビープ音が鳴り、3秒の準備時間が与えられます。その後、解答指示とともに再度ビープ音が鳴るので、30秒以内に解答します。質問は画面にも表示されます。

質問を理解する

Question 5 と 6 よりも、より幅広い意見や説明が求められます。

この質問では、次の内容がたずねられています。
What do you suggest I do with them?　彼らと**何を**することを勧めるか。

解答

解答する

Question 5 と 6 と同様に、ビープ音から不自然に長い間を置かずに答えます。

☑ ひとつのアイデアについて詳しく述べたり、行う順に提案する内容を述べる、さまざまな選択肢を挙げるなどいろいろな答え方があるでしょう。

例　Question 7 に答える場合、以下のように質問の一部を使ったり、論理的にまとめることもできるでしょう。
I suggest you have a picnic in Redwing Park with them.

(彼らと Redwing Park にピクニックに行くことを提案します。)

I think there are several things you can do. First, you may visit the museum in town. Second, you can go for a movie. Or, you may enjoy visiting the park.

(あなたたちができることはいくつかあると思います。まず、街の博物館を訪ねてもいいでしょう。
次に、映画を見に行くことができます。もしくは、公園を訪れることを楽しめるかもしれません。)

(!) 見直そう

Unit 1 Speaking Test Questions 5-7(p.30-31)で録音した自分の解答を聞いてみましょう。

＊はっきりと、相手に伝わるように話したか
＊使っている文法や語彙は適切か
＊それぞれの質問に対して適切な内容で答えたか

解答のプロセスを振り返り、改善点を考えます。
解答を書き出し、よく考えて修正することも効果的でしょう。

解答例の詳しい解説

Question 5

 What did you do last weekend, and where did you do it?

 解答例 Last weekend, I went to a shopping center and bought a new computer.

 先週末にあなたは何をしましたか。そして、どこでそれをしましたか。

解答例 先週末、私はショッピングセンターへ行き、新しいコンピューターを買いました。

 • 疑問詞に注目すると、What「何」を、where「どこで」したかとたずねられていることがわかります。それぞれWhat→bought a new computer、where→a shopping centerで答えています。
- 動詞の過去形のwent、boughtを適切に使って解答していることから、先週末についての質問を正しく理解していることがわかります。

その他の解答例

- I enjoyed snowboarding in Niigata with my friends. 　　　新潟で友人たちとスノーボードを楽しみました。

- I stayed at home and cooked dinner for my family last Saturday.
　　　　　　　　　　　　　　先週の土曜日は家にいて、家族のために夕食を作りました。

Question 6

 And what about your plans for next weekend?

 解答例 I'm going to visit an old school friend who lives in the countryside. I think we're going to do some hiking and maybe visit some tourist destinations.

 そして、次の週末の予定はどうですか。

解答例 私は、田舎に住んでいる古い学友を訪ねます。私たちはハイキングをする予定で、観光地を数か所訪ねるかもしれません。

 • what about your plans for next weekend?「次の週末の予定についてはどうか」とたずねられているので、1文目でvisit an old school friendと答えています。
- 解答時間の残りを使って、2文目で「何をするか」ということについて詳しい説明を加えています。
- next weekend「次の週末」のことなので、予定を表す未来の表現am going toを使っています。
- I thinkやmaybeを使って、予定がまだ確定していないことを示しています。
- 一定のペースを保って話しており、聞き手にとってわかりやすい解答です。

その他の解答例

- I'm planning to look for a new apartment because I want to move before summer.
　　　　　　　　　　　　　　夏の前に引っ越ししたいので、新しい部屋を探す予定です。

- It depends on the weather. If it's sunny, I'll climb Mt. Takao with my sister. Otherwise, I'll read a book I borrowed from my friend.
　　　　　　　天候次第です。晴れたら姉と高尾山に登るつもりです。そうでなければ、友人から借りた本を読むつもりです。

Question 7

 28 I don't have anything planned, but I want to do something with my family next weekend. What do you suggest I do with them?

 29 解答例 There's a great baseball stadium nearby, so you could check to see if there are any tickets available for the baseball game on Saturday night.

 訳 私には予定していることは何もありませんが、次の週末は家族と一緒に何かをしたいと思います。あなたは、私が家族と何をすることを勧めますか。

解答例 近くにすばらしい野球場があるので、土曜日の夜の野球の試合のチケットが手に入るかどうかを確かめてみてはどうですか。

 解説
- **What do you suggest** 「何を提案するか」という質問をきちんと理解していることを示している解答です。家族で行うのにふさわしい内容、野球の試合観戦を提案しています。
- **There's a great baseball stadium nearby,** と前置きをして、続けて述べる提案へと話の流れをつなげています。
- 直接的な表現ではありませんが、**if there are any tickets available for the baseball game on Saturday night** と言うことで、野球を見に行くように勧めています。
- **could** を使うことで、丁寧でありながらも会話としてふさわしい提案の表現ができています。
- 語彙の選び方と伝え方が適切で、話し方も明確です。

その他の解答例

- There's a nice seafood restaurant in Shinjuku where you can eat seafood without using forks and knives — you only use your hands. I went there and we enjoyed the meal. I think you and your family will like it.

  いいシーフードレストランが新宿にあり、フォークやナイフを使わずにシーフードを食べられます。手だけを使うんです。私はそこへ行って、家族で食事を楽しみました。あなたとあなたの家族が気に入ると思います。

- I recommend seeing a movie. Some good family movies are showing at the theater now. You could try the new theater in Shibuya.

  私は映画を見ることをお勧めします。いくつかのいい家族映画が今、映画館で上映されています。渋谷にある新しい映画館を試してみてもいいかもしれません。

- 落ち着いて解答しましょう。受験前には時間を計りながら練習し、実際の解答時間がどの程度か確認しておきましょう。

- 質問に対して、自分が本当に感じたことや考えたことを答えてもよいでしょう。自分自身の経験や考えに基づいて話すことで、内容により説得力が生まれ、より上手に伝えられます。

- 自分が知っている言葉を使うことで、不自然に長い間を置くことなく解答することができるでしょう。
必要なことを解答していれば、多く話す必要はありません。

- できるだけはっきりとした発音で話すようにしましょう。
急いで話したり、ぼそぼそと話すと、解答が聞き取れず、あまりよいスコアは取得できないかもしれません。

- 不自然に止まることなく話し続けることが大切です。自分自身の言語能力に自信があることを示すことができ、高い評価につながるでしょう。

◆ コミュニケーションのためのヒント ◆

- 答え方はさまざまですが、文を考えるのに時間がかかるという人は、質問文を利用して答えることもできるでしょう。

Question: How do you travel to work or to school?　　　（どのように職場や学校へ行きますか。）
Response: I travel to work by train.　　　　　　　　　　　（私は電車で職場へ行きます。）

Question: When is the best time to visit your country?
　　　　　　　　　　　　　　　　　　　　（あなたの国を訪れるのに一番いい時期はいつですか。）
Response: The best time to visit my country is in the springtime.
　　　　　　　　　　　　　　　　　　　　　　（私の国を訪れるのに一番いい時期は春です。）

◆ 練習方法 ◆

- 英語のラジオやニュースなどを聞き、ネイティブスピーカーの発音を真似る練習を重ねることで、発音をよくすることができます。また、リスニング力の向上にもつながるので、質問を聞き取る練習にもなります。

> **(!) 再挑戦しよう**
>
> **Unit 1 Speaking Test Questions 5-7（p.30-31）に再挑戦しましょう。**
> 録音機器を使い、自分の解答を録音して確認しましょう。
> 解答を書き出し、修正して何度も声に出して練習すると効果的です。
> 解答例や表現例を活用しながら表現の幅を広げましょう。

練習 1

30

Directions: In this part of the test, you will answer three questions. You will have 3 seconds to prepare after you hear each question. You will have 15 seconds to respond to Questions 5 and 6 and 30 seconds to respond to Question 7.

Imagine that a British marketing firm is doing research in your country. You have agreed to participate in a telephone interview about mobile phones.

Question 5 In what situations do you usually use a mobile phone?

Question 6 What are the advantages of having a mobile phone?

Question 7 When is it not appropriate to use a mobile phone and why?

準備

1 Directionsの内容を把握する
• 会話の状況を理解する

解答

2 Question 5を画面と音声で確認し、解答する
• たずねられている内容は何か
• In what situations ...? という質問に的確に答える

3 Question 6を画面と音声で確認し、解答する
• たずねられている内容は何か
• What ...? という質問に的確に答える

4 Question 7を画面と音声で確認し、解答する
• たずねられている内容は何か
• When ... and why? という質問に的確に答える
▶ 「いつ携帯電話を使うべきでないか」とともに「なぜそうなのか」という理由も忘れずに答えましょう。

31 **Directions:** In this part of the test, you will answer three questions. You will have 3 seconds to prepare after you hear each question. You will have 15 seconds to respond to Questions 5 and 6 and 30 seconds to respond to Question 7.

Imagine that a U.S. marketing firm is doing research in your country. You have agreed to participate in a telephone interview about airports and train stations.

Question 5 The last time you traveled by airplane or train, how much time did you spend in the airport or train station?

Question 6 When you are waiting in an airport or train station, what products or services do you spend money on?

Question 7 Describe one product or service that you would like airports or train stations to offer.

準備

1 Directionsの内容を把握する
- 会話の状況を理解する

解答

2 Question 5を画面と音声で確認し、解答する
- たずねられている内容は何か
- how much time ...? という質問に的確に答える

3 Question 6を画面と音声で確認し、解答する
- たずねられている内容は何か
  - ▶冒頭のWhen ...は疑問詞ではなく、接続詞（「…するとき」）なので間違えないように注意が必要です。
- what products or services ...? という質問に的確に答える

4 Question 7を画面と音声で確認し、解答する
- 指示されている内容は何か
- Describe one product or service ...という指示に明確に答える

練習 1　解答例と解説

設問・訳 (Directionsの訳はp.90を参照してください。)

イギリスのマーケティング会社が、あなたの国で調査を行っていると想像してください。あなたは、携帯電話についてのアンケートに電話で応じることに同意しました。

Question 5

設問・訳 どんな場面で、普段あなたは携帯電話を使用しますか。

解答例 32	解答例・訳
I use a mobile both at home and at work. That's how I talk to my friends, family, and work clients.	私は家でも職場でも携帯電話を使います。そのようにして、私は友人たちや家族、そして仕事の顧客たちと話します。

解説
- 質問に的確に答えた、適切な解答です。
- 携帯電話を使う場所の例を at home、at work と挙げてから、より詳しい情報 That's how I talk to my friends, family, and work clients. を付け加えて、携帯電話を使う状況をはっきりさせています。
- 話し方はスムーズではっきりとしており、聞き取りやすい解答です。

Question 6

設問・訳 携帯電話を持っていることの利点は何ですか。

解答例 33	解答例・訳
Well, it's extremely convenient to be available by phone all of the time. Everyone can reach me, or I can reach them, whenever needed. I also like the texting and photo features.	そうですね、いつでも電話で話せるのは極めて便利です。必要なときにはいつでも、みんなが私に連絡を取ることができるし、あるいは私が彼らに連絡を取ることができます。私は携帯メールと写真撮影機能も気に入っています。

解説
- 携帯電話を持っていることの利点を、it's extremely convenient や Everyone can reach me、I also like the texting and photo features. のように複数挙げています。
- 文法を適切に使い、話し方もスムーズで、一定のペースを保っています。
- I also like ... を使って話題をうまく進めています。

Question 7

設問・訳 携帯電話を使用するのに適切でないのはいつですか、またそれはなぜですか。

解答例 34	解答例・訳
I think it's inappropriate to use a mobile phone in public places where you might bother someone else, such as on the public bus, in the market, and so on. It's really quite annoying to the people near you, and you might not realize how loud you are being or that you are talking about something personal. Sometimes it's more appropriate to put your phone away.	公共のバスや食料品店の中など、ほかの人に迷惑をかけるかもしれない公共の場で携帯電話を使うのは不適切だと、私は思います。それは近くにいる人にとって、本当にとても迷惑なもので、自分自身がどのくらい大声になっているかということや、何か個人的なことを話しているということに、気づかないかもしれません。携帯電話をしまっておくことが、よりふさわしいときもあります。

解説
- 質問の最初の部分に対して、it's inappropriate to use a mobile phone in public places ... such as on the public bus, in the market, and so on と答えています。
- 質問の後半部分に対して、公共の場所が携帯電話を使う場所として適切でない理由について、you might bother someone else、It's really quite annoying to the people near you, and you might not realize how loud you are being or that you are talking about something personal. と詳しく答えています。
- 最後には、Sometimes it's more appropriate to put your phone away. と、助言を付け加えてもいます。
- bother someone、It's really quite annoying のように、変化に富んだ語彙を正しく使っています。
- 話し方がスムーズで一定のスピードを保っており、聞き取りやすい解答です。

練習 2　解答例と解説

設問・訳（Directionsの訳はp.90を参照してください。）

アメリカのマーケティング会社が、あなたの国で調査を行っていると想像してください。あなたは、空港と列車の駅についてのアンケートに電話で応じることに同意しました。

Question 5

設問・訳 前回、飛行機か列車で旅行をしたとき、空港、あるいは列車の駅でどのくらい時間を過ごしましたか。

解答例 35	**解答例・訳**
I flew across the country last November. Unfortunately, a lot of flights were canceled because of the weather, so I spent about 10 hours in the airport.	昨年11月に飛行機で国じゅうを回りました。あいにく、天候のせいで多くの便が欠航になったので、空港で約10時間過ごしました。

解説
- 質問に対して的確な解答です。
- 前回旅行したときにどのくらいの時間を過ごしたかという質問に対して適切に語彙を選び、はっきりabout 10 hours in the airportと答えています。
- Unfortunatelyやbecause of、soといったつなぎ言葉を使って、空港で過ごした時間に関して、どのような状況であったかを論理的に説明しています。
- a lot of flights were canceled because of the weather, と詳しい情報を付け加えています。

Question 6

設問・訳 空港、または列車の駅で待っているとき、あなたはどのような商品やサービスにお金を使いますか。

解答例 36	**解答例・訳**
It depends if I am hungry. If I am, I might buy a meal from one of the vendors. Otherwise, I might just get a coffee and a magazine.	それは、私が空腹かどうかによります。もし空腹なら、販売店のひとつで食事を購入するかもしれません。そうでなければ、コーヒーと雑誌を買うだけかもしれません。

解説
- お金を費やす可能性のある品物やサービスを示すのに、a meal from one of the vendors、a coffee and a magazineと適切な語彙を使って答えています。
- 商品を購入する状況について、空腹の場合、It depends if I am hungry. If I am, I might ...、空腹でない場合、Otherwise, I might ... に分けて具体的に説明しています。
- 全体的に聞き取りやすい話し方で、十分に効果的に答えています。

Question 7

設問・訳 空港、または列車の駅に提供してもらいたい商品、あるいはサービスをひとつ説明してください。

解答例 37	**解答例・訳**
I would like airports to have carts for rent for people traveling with a lot of heavy luggage. Even if the luggage has wheels, it is too difficult to tow more than one bag at once. It would help very much to have a cart.	たくさんの重い荷物を持って旅行をする人たちのために、空港には借りられるカートがあってほしいと思います。荷物にキャスターが付いていたとしても、一度に2つ以上の荷物を引くことはとても困難です。カートがあればとても助かります。

解説
- 日常的なやりとりをするのにふさわしい言葉を使って適切に答えています。
- 聞き手は、空港に提供してほしいと思うサービスcarts for rentと、それが提供されるべき理由too difficult to tow more than one bag at onceをはっきりと理解することができます。
- 仮定の話を述べる際にふさわしい表現would likeを使い、Even if the luggage has wheels, ... という文によって詳しい情報を付け加えています。
- 聞き手がネイティブスピーカー、もしくは英語に堪能なノンネイティブスピーカーであれば、空港で持ち運ぶ荷物を「引く」という意味を表すtowという単語も、容易に理解できるでしょう。

Respond to questions using information provided
Questions 8-10

提示された情報に基づく応答問題

Questions 8-10 では、日常または職場での会話を適切な言葉を使って行う能力や、資料についてある情報を求められたときに、素早く正確に答える能力が測定されます。提示された資料を使って、たずねられている内容を答えましょう。

設問数 3問

準備時間 資料確認に45秒＋各問の前に3秒

解答時間 Question 8 と Question 9 は15秒、Question 10 は30秒

資料

資料の内容を確認する

（準備指示）Begin preparing now. ビープ音 準備時間45秒

問い合わせ

質問者が情報を求めて電話をかけてくる

Question 8

質問に対して資料の内容に基づいて答える

質問 → （準備指示）Begin preparing now. ビープ音 準備時間3秒 → （解答指示）Begin speaking now. ビープ音 解答時間15秒

Question 9

質問に対して資料の内容に基づいて答える

質問 → （準備指示）Begin preparing now. ビープ音 準備時間3秒 → （解答指示）Begin speaking now. ビープ音 解答時間15秒

Question 10

質問に対して資料に書かれている情報を伝えたり、内容をまとめて答える

質問 → （準備指示）Begin preparing now. ビープ音 準備時間3秒 → （解答指示）Begin speaking now. ビープ音 解答時間30秒

＊質問文は音声のみで画面には表示されません。
＊Question 10 のみ、質問が2度読み上げられます。

高い採点スケールの解答は

① Directionsに従って適切に解答している。
② できるだけ自然に話している。

今の力を発揮するには

- 質問が一部理解できなくても、わかる部分については話しましょう。
- 疑問詞に注意して、何をたずねられているか的確に理解して答えましょう。

101

4 Speaking Test Questions 8-10 は、以下のような流れで画面に表示されます。
音声ファイルを聞きながら、確認するとよいでしょう。

≪ Directions ≫

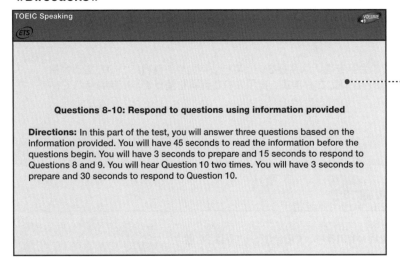

> Directionsが画面に表示され、音声でも流れます。
> この後、画面は自動的に切り替わります。

≪資料を読むための準備時間 ≫

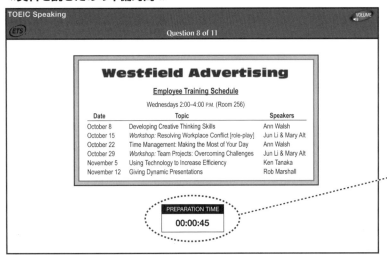

> Begin preparing now. (ビープ音)のナレーションの後に、準備時間のカウントダウンが始まります。

≪問い合わせ≫

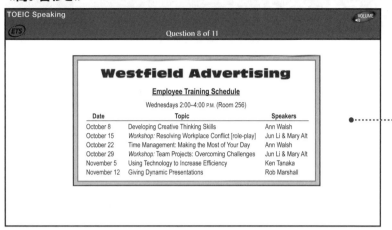

準備時間が終了すると、質問者が電話をか
けてきて質問をします。質問の内容は画面
に表示されません。

≪Question 8 ≫

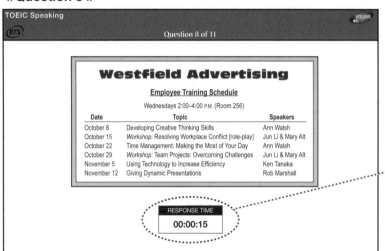

質問者からの質問に続いて Begin preparing
now.（ビープ音）のナレーションの後に3秒
の準備時間のカウントダウンが始まり、それ
が終わると Begin speaking now.（ビー
プ音）のナレーションの後に15秒の解答時
間のカウントダウンが始まります。

＊ここでは準備時間の画面は省略しています。

≪Question 8 解答時間終了≫

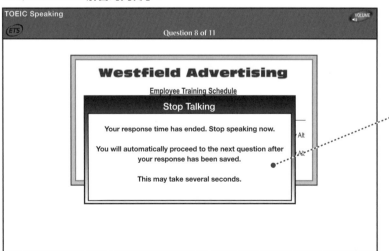

解答時間が終了すると、この画面が表示さ
れ、自動的に次の質問に進みます。

Question 8 に続き、Question 9、Question 10 でもこれらの画面が順に表示され、テストが進行します。
Question 10 では RESPONSE TIME（解答時間）のカウントダウンが「00:00:30」から始まります。
Question 10 の解答時間が終了すると、自動的に次の問題形式に進みます。

採点ポイント

Speaking Test Questions 8-10 は以下の7点について採点されます。

- 発音
- イントネーション・アクセント
- 文法
- 語彙
- 一貫性
- 内容の妥当性
- 内容の完成度

解答は以下の採点ポイントに基づいて0から3で評価されます。

採点スケール	採点ポイント
3	解答は質問に対して十分で、関連性があり、社会的にも適切な応答ができている。提示された情報に基づく課題に対しては、資料や文書の情報も正確に答えている ● 聞き手はすんなりと理解できる ● 適切な語彙・語句を使っている ● 課題に合った構文を使って答えている
2	質問に対してはある程度適切に答えているが、完全ではなく、適切でない部分もある。また、提示された情報に基づく課題には、正確に答えていない部分がある ● 聞き手が理解しづらい箇所があるが、概ね理解できる ● 全体的な意味ははっきりしているものの、語彙・語句が限定されていたり、やや適切でない場合がある ● 構文の使用が不適切なため、聞き手が理解するためには多少の努力を要する ● 提示された情報に基づく課題に関しては、資料や文書から関連した情報を見つけることができるが、それらを関連のない情報と区別したり、聞き手が理解しやすいように言い換えることはできない
1	質問に対して十分に答えていない。関連する情報が十分に伝わっていない ● 聞き手は理解するのにかなり苦労する ● 語彙・語句が不正確であったり、設問と同じ内容を繰り返す ● 構文の使用が不適切なため、意味の理解が妨げられてしまう
0	無解答、もしくは解答の中に英語が含まれていない、またはテストと全く関係ないことを答えている

＊解答は各採点スケールの採点ポイントに基づいて評価されますが、ポイントのすべてを網羅していなければならないというわけではなく、総合的に評価されます。

解答のプロセス

この問題形式の解答の流れは以下の通りです。
次ページからこの流れに沿って詳しく学習します。

1 | **Directionsの内容を把握する**

課題内容を的確に理解します。

2 | **資料に目を通す**

資料の構成を意識しながら、書かれているおおよその内容を把握します。

3 | **問い合わせの理由を聞き取る**

質問者が情報を求めて電話をかけてくるので、電話をかけてきた理由を聞き取ります。
問い合わせは音声のみで、画面には表示されません。

4 | **Question 8を聞き取り、解答する**

Questions 8-10 の質問はすべて画面に表示されません。
疑問詞に注意して聞き取り、たずねられていることを理解します。
画面の資料から、たずねられた内容に該当する情報を見つけ、相手に明確に伝えます。

5 | **Question 9を聞き取り、解答する**

6 | **Question 10を聞き取り、解答する**

＊解答プロセスの詳しい説明には **Unit 1 Speaking Test Questions 8-10**（p.32-34）を使用します。

1 Directionsの内容を把握する

38

Directions: In this part of the test, you will answer three questions based on the information provided. You will have 45 seconds to read the information before the questions begin. You will have 3 seconds to prepare and 15 seconds to respond to Questions 8 and 9. You will hear Question 10 two times. You will have 3 seconds to prepare and 30 seconds to respond to Question 10.

この問題形式について

2 資料に目を通す

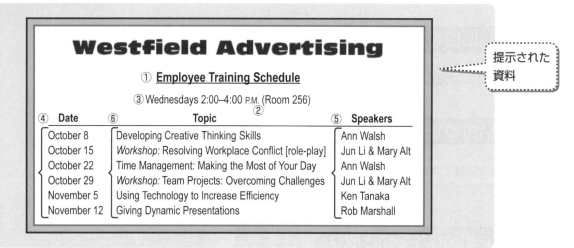

Westfield Advertising

① **Employee Training Schedule**

③ Wednesdays 2:00–4:00 P.M. (Room 256) ②

④ Date	⑥ Topic	⑤ Speakers
October 8	Developing Creative Thinking Skills	Ann Walsh
October 15	*Workshop:* Resolving Workplace Conflict [role-play]	Jun Li & Mary Alt
October 22	Time Management: Making the Most of Your Day	Ann Walsh
October 29	*Workshop:* Team Projects: Overcoming Challenges	Jun Li & Mary Alt
November 5	Using Technology to Increase Efficiency	Ken Tanaka
November 12	Giving Dynamic Presentations	Rob Marshall

提示された資料

3 問い合わせの理由を聞き取る

準備時間（45秒）の後に始まる音声

（以下は画面に表示されません）

39 Hi, this is Katsuro Suzuki. My manager just told me that I need to attend some of the upcoming Wednesday employee training seminars that your office planned, and I'd like some information, please.

訳 **ディレクション：** この問題では、提示された情報に基づいて、3つの質問に解答します。質問が始まる前に、提示された情報を45秒で読んでください。Question 8とQuestion 9には3秒の準備時間があり、15秒で解答してください。Question 10は質問を2度聞きます。Question 10には3秒の準備時間があり、30秒で解答してください。

Directions

Directions

Questions 8-10で行うこと（提示された情報に基づいて3つの質問に応答する）や、解答時間を確認します。

英語を読み、聞き、そして読み取った情報から質問に対して解答することが求められます。

準備時間と解答時間を確認し、時間を無駄なく使えるようにしましょう。

資料を読む準備時間： 45秒
Question 8の解答時間： 15秒
Question 9の解答時間： 15秒
Question 10の解答時間：30秒 ＊Question 10は質問が2度読み上げられます。

＊どのQuestionにも、質問を聞いた後に3秒の準備時間があります。

準備時間

資料に目を通す

画面に資料が表示され、45秒の準備時間が与えられます。

資料の内容や構成を確認しましょう。

① 何についての資料か
② どこで
③ 何曜日・何時に
④ 何日に
⑤ 誰が
⑥ 具体的な内容 ＊番号はp.106 **2** の資料で該当箇所を示しています。

これらの情報が資料のどこに書かれているか確認しながら目を通します。

> ✅ ここで資料の構成を把握しておけば、各質問に解答する際に資料のどこを見ればいいのかがすぐにわかります。

問い合わせ

理由を聞き取る

45秒間の準備時間が終了すると、質問の音声が流れます。画面には表示されません。

- 電話をかけてきた理由
- 電話の状況、目的、求めている情報

などを的確に聞き取ります。

資料：

Westfield 広告社
社員研修の日程
毎週水曜日 午後2時－4時（256号室）

日付	テーマ	講演者
10月 8日	創造的思考能力の開発	Ann Walsh
10月15日	講習会：職場での対立の解決（ロールプレイング）	Jun Li と Mary Alt
10月22日	時間管理：1日を最大限に活用する	Ann Walsh
10月29日	講習会：チームプロジェクト：難題を乗り切る	Jun Li と Mary Alt
11月 5日	効率をアップさせるための科学技術の利用	Ken Tanaka
11月12日	力強いプレゼンテーションを行う	Rob Marshall

問い合わせ： もしもし、Katsuro Suzukiです。御社が企画された、今後水曜日に開催される社員研修セミナーのいくつかに出席するように上司から言われたので、いくつか情報をいただきたいと思います。

Question 8を聞き取り、解答する

Westfield Advertising

Employee Training Schedule

Wednesdays 2:00–4:00 P.M. (Room 256)

Date	Topic	Speakers
October 8	Developing Creative Thinking Skills	Ann Walsh
October 15	*Workshop:* Resolving Workplace Conflict [role-play]	Jun Li & Mary Alt
October 22	Time Management: Making the Most of Your Day	Ann Walsh
October 29	*Workshop:* Team Projects: Overcoming Challenges	Jun Li & Mary Alt
November 5	Using Technology to Increase Efficiency	Ken Tanaka
November 12	Giving Dynamic Presentations	Rob Marshall

（以下の質問は画面には表示されません。）

 What's the topic of the first seminar, and who's giving that talk?

解答例

Let's see. It looks like the first seminar is Developing Creative Thinking Skills. The speaker is Ann Walsh.

[5] Question 9を聞き取り、解答する

Westfield Advertising

Employee Training Schedule

Wednesdays 2:00–4:00 P.M. (Room 256)

Date	Topic	Speakers
October 8	Developing Creative Thinking Skills	Ann Walsh
October 15	*Workshop:* Resolving Workplace Conflict [role-play]	Jun Li & Mary Alt
October 22	Time Management: Making the Most of Your Day	Ann Walsh
October 29	*Workshop:* Team Projects: Overcoming Challenges	Jun Li & Mary Alt
November 5	Using Technology to Increase Efficiency	Ken Tanaka
November 12	Giving Dynamic Presentations	Rob Marshall

（以下の質問は画面には表示されません。）

 These seminars are only being held in October, right?

解答例

Actually, no. They don't only take place in October. There are also two seminars in November, on November fifth and twelfth.

 Question 8 最初のセミナーのテーマは何で、誰がその話をしますか。
解答例 ええと。最初のセミナーは「創造的思考能力の開発」のようです。講演者はAnn Walshです。

Question 9 これらのセミナーは10月にだけ開かれるのですよね？
解答例 実は違います。10月に行われるだけではありません。11月にも2つのセミナーがあり、11月5日と12日にあります。

Question 8

Question 8

資料に関する内容が1、2点質問されます。画面には表示されません。

資料は、Questions 8-10 の質問中と解答時間中、ずっと表示されています。
質問の疑問詞（what、who、when、where、whyなど）や疑問の表現を注意して聞き取り、たずねられている内容をきちんと把握します。

> ✔ 質問に疑問詞が聞こえたら、すぐに画面上の資料で該当部分を探しながら続きを聞くとよいでしょう。例えば、Who ...?とたずねられたらすぐに、予定表で人物の氏名を探しながら続きを聞く、など。

この質問では、次の内容がたずねられています。
　What's the topic of the first seminar, and **who's** giving that talk?
　最初のセミナーのテーマは**何か**、そのセミナーの講演を**誰が**行うか。

解答

解答する

　質問が読み上げられた後、準備指示とともにビープ音が鳴り、3秒の準備時間が与えられます。その後、解答指示とともに再度ビープ音が鳴るので、15秒以内に解答します。たずねられた内容について的確に答えましょう。

Questions 8-10 に解答する際には、以下のことを注意するとよいでしょう。

> 📖 解答時間が余っても、たずねられていない情報を付け加えたりして無理に解答を長くする必要はありません。質問に対してはっきりと答え、正しい文法や語彙を用いましょう。

> 📖 2つの内容を質問されている場合、そのひとつにしか解答していないと、高い採点スケールを得ることはできません。
> 質問の疑問詞や疑問の表現に注意し、答えるべきポイントをしっかりと頭に入れて答えましょう。

> 📖 何も話さなければ採点スケール0になります。質問を聞き逃した場合も、自分がたずねられたと思う内容で答えましょう。

> 📖 特定の語だけ発音が不明瞭でも、そのために低い採点スケールに評価されることはありません。

> 📖 はっきりと発音して話しましょう。解答時間を気にして焦って話すあまり、単語の発音が不明瞭になることがありますが、これでは意味が伝わらなくなり、文のリズムも崩れてしまいます。

> 📖 できるだけ素早く質問を理解することが大切です。資料を見て話す内容や構成を考え、解答時間内に余裕を持って答えを述べることができるでしょう。

Question 9

Question 9

資料に関する内容が1、2点質問されます。画面には表示されません。

この質問では、次の内容がたずねられています。
　These seminars **are only being held in October, right?**
　セミナーの**開催月は10月だけかどうか。**

解答

解答する

　質問が読み上げられた後、準備指示とともにビープ音が鳴り、3秒の準備時間が与えられます。その後、解答指示とともに再度ビープ音が鳴るので、15秒以内に解答します。たずねられた内容について、的確に答えましょう。

> ✔ 最も重要な情報を先に伝える、という方法もあるでしょう。続いてより詳しい情報を付け加えると、解答時間を有効に使えるだけでなく、聞き手にとってより理解しやすい構成になるでしょう。

109

Westfield Advertising

Employee Training Schedule

Wednesdays 2:00–4:00 P.M. (Room 256)

Date	Topic	Speakers
October 8	Developing Creative Thinking Skills	Ann Walsh
October 15	*Workshop:* Resolving Workplace Conflict [role-play]	Jun Li & Mary Alt
October 22	Time Management: Making the Most of Your Day	Ann Walsh
October 29	*Workshop:* Team Projects: Overcoming Challenges	Jun Li & Mary Alt
November 5	Using Technology to Increase Efficiency	Ken Tanaka
November 12	Giving Dynamic Presentations	Rob Marshall

（以下の質問は画面には表示されません。Question 10 のみ、以下のように 2 度読み上げられます。）

I've heard Jun Li speak before, and he's very good. Could you tell me about the training he'll be giving?

Now listen again.

I've heard Jun Li speak before, and he's very good. Could you tell me about the training he'll be giving?

解答例 **45**

Sure. Jun Li will be conducting two workshops with Mary Alt. The first one is on October fifteenth, and it's about resolving workplace conflict and will involve some role-play. The second workshop is on October twenty-ninth. That one is about team projects and overcoming the challenges involved in team projects.

＊解答例はすべての採点ポイントに合致し、最も高い採点スケールに評価されるものです。
詳しくはp.104 をご覧ください。

 Question 10 Jun Liが講演するのを以前聞いたことがありますが、彼はとても上手です。彼が行うことになっている研修について教えていただけますか。

ではもう一度聞いてください。

Jun Liが講演するのを以前聞いたことがありますが、彼はとても上手です。彼が行うことになっている研修について教えていただけますか。

解答例 もちろんです。Jun LiはMary Altと一緒に 2 つの講習会を行うことになっています。1 つめの講習会は 10 月 15 日にあり、それは職場での対立を解決することに関するもので、ロールプレイが行われます。2 つめの講習会は 10 月 29 日にあります。そちらはチームプロジェクトと、チームプロジェクトに関連する問題の克服についてです。

Question 10

Question 10

資料に書かれた情報を伝えたり、要約することが求められます。

質問は音声のみで、2度読み上げられます。画面には表示されません。
Questions 8-9 よりやや長めの質問になりますが、1度目で聞き取れなくても焦らず、落ち着いて2度目でしっかり聞き取りましょう。
質問の内容が聞き取れたら、資料を利用して構成を考えながら解答しましょう。

この質問では、次の内容がたずねられています。
Could you **tell me about the training** he'll be giving?
彼が行うことになっている**講習会について教えてもらえるか**。

解答

解答する

質問が2度読み上げられた後、準備指示とともにビープ音が鳴り、3秒の準備時間が与えられます。その後、解答指示とともに再度ビープ音が鳴るので、30秒以内に解答します。たずねられた内容について、的確に答えましょう。

> ✔ 解答の方法やスタイルに決まりはなく、さまざまな伝え方で答えることができます。

例
- 解答の冒頭でまとめを述べてから、詳しく話す
- 資料からまず開催日やセミナーのタイトルを読み上げた後に、詳しい説明を追加する

セミナーのタイトルや開催日を述べるだけでは高い採点スケールには評価されないかもしれません。
資料にある情報を使い、問い合わせをしている相手にわかりやすく説明しましょう。

Speaking Test

Questions 8-10

> (!) **見直そう**
>
> Unit 1 Speaking Test Questions 8-10（p.32 - 34）で録音した自分の解答を聞いてみましょう。
>
> ＊準備時間に何をしたか
> ＊自然に話していたか
> ＊それぞれの質問に対して適切な内容で答えたか
>
> 解答のプロセスを振り返り、改善点を考えます。
> 解答を書き出し、よく考えて修正することも効果的でしょう。

その他の表現例

■ 日付や時間を表す

- The meeting starts at 11:00 A.M. and ends at 12:00 P.M. 会議は午前11時に始まり、正午に終わります。

- The workshop will be from 3:00 P.M. to 5:00 P.M. 講習会は午後3時から午後5時までです。

- These seminars will be held on Thursday, June 20. これらのセミナーは6月20日木曜日に行われる予定です。

  ＊日付はJune twentiethのように、序数で言います。

- There is a tour of the work areas at 9:30. 9時30分に作業場の見学があります。

- The session has been postponed to next Tuesday. その会合は今度の火曜日に延期になりました。

- You will have a break at 10:45, and then you will have two workshops.

  10時45分に休憩があり、その後2つの講習会があります。

■ 場所を示す

- The seminar will be held in the Main Hall of the Grace Hotel.

  セミナーはGraceホテルのメインホールで行われます。

- The conference venue is the Block Building. 協議会の開催地はBlockビルです。

- The session is located in Room 104 and the contest is taking place in the Science Hall.

  会合は104号室で行われ、コンテストは科学ホールで開催されます。

- You need to be at the Reception Hall in order to participate in the factory tour.

  工場見学に参加するためにはレセプションホールにいる必要があります。

- The business seminars will be conducted in three rooms: Business Management in
  Room 318, Sales Techniques in the Banquet Room, and Financial Accounting in the
  Conference Room.

  ビジネスセミナーは3つの部屋で行われます。「企業経営」は318号室、「販売技術」は宴会室、そして「財務会計」は会議室です。

■ 担当者などを伝える

- Mike Walzer will show you around the area. Mike Walzerがあなたにそのエリアを案内してくれます。

- We have two instructors who will be leading the seminar: Jade Smith and Stephen Brown.

  セミナーを主催することになっている講師は2人います。Jade SmithとStephen Brownです。

- The speech workshop will be run by Meg Phillips. スピーチの講習会はMeg Phillipsによって行われます。

- Mr. Michael Dorson, who owns an Italian restaurant chain, will give a talk.

  イタリアンレストランのチェーン店を所有するMichael Dorson氏が話してくれます。

■ 情報が異なることを伝える

- Unfortunately, it looks like the seminar has been cancelled.

  あいにく、そのセミナーは中止されたようです。

- According to the agenda, James Franklin will deliver the speech.

  予定表によると、James Franklinがその講演を行います。

112

解答例の詳しい解説

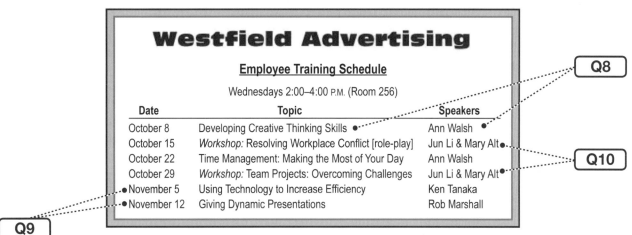

Westfield Advertising

Employee Training Schedule

Wednesdays 2:00–4:00 P.M. (Room 256)

Date	Topic	Speakers
October 8	Developing Creative Thinking Skills	Ann Walsh
October 15	*Workshop:* Resolving Workplace Conflict [role-play]	Jun Li & Mary Alt
October 22	Time Management: Making the Most of Your Day	Ann Walsh
October 29	*Workshop:* Team Projects: Overcoming Challenges	Jun Li & Mary Alt
November 5	Using Technology to Increase Efficiency	Ken Tanaka
November 12	Giving Dynamic Presentations	Rob Marshall

Q8 Q10 Q9

＊資料の訳はp.107 を参照してください。

Speaking Test

Questions 8-10

Question 8

 What's the topic of the first seminar, and who's giving that talk?

 解答例 Let's see. It looks like the first seminar is Developing Creative Thinking Skills. The speaker is Ann Walsh.

 訳 最初のセミナーのテーマは何で、誰がその話をしますか。

解答例 ええと。最初のセミナーは「創造的思考能力の開発」のようです。講演者はAnn Walshです。

 解説
- 疑問詞に注目すると、最初のセミナーのテーマはWhat「何」で、who「誰」が話をするかと、2つ内容を問われていることがわかります。What'sはWhat is、who'sはwho isの短縮形です。
- 本当に電話で会話しているようにLet's see.と言っています。このような言葉を話している間に、予定表の最初のセミナーのテーマを探すこともできます。
- 予定表にあるテーマをそのまま言うだけではなく、It looks like the first seminar is ...という文の形にして伝えています。
- 次に、The speaker is ...と誰が話すかを答えています。このように正しい情報を伝え、かつ聞き手が電話で理解しやすい答え方ができています。

その他の解答例

- It's Developing Creative Thinking Skills and Ann Walsh is giving the talk.

「創造的思考能力の開発」で、Ann Walshが講演を行います。

- In the first seminar, Ann Walsh will speak about Developing Creative Thinking Skills.

最初のセミナーでは、Ann Walshが「創造的思考能力の開発」について話します。

Question 9

 These seminars are only being held in October, right?

 解答例 Actually, no. They don't only take place in October. There are also two seminars in November, on November fifth and twelfth.

 これらのセミナーは10月にだけ開かれるのですよね？

解答例 実は違います。10月に行われるだけではありません。11月にも2つのセミナーがあり、11月5日と12日にあります。

解説
- 質問は、セミナーが10月にしか開催されないことを確認するものです。この解答例は、電話の相手が間違って把握している情報を訂正して伝える能力を示しています。
- 予定表の日付の欄を見ると、10月だけでなく11月にも開催予定があるとわかります。
- まず、Actually, no.と訂正してから、「10月だけに開催されるわけではない」と述べることで、相手の認識が間違っていることをはっきりと伝えています。
- 質問にあるThese seminarsをTheyと、代名詞で適切に言い換えています。
- 続いてThere are also two seminars in November, と言ってから、さらに詳しく11月の日程を伝えています。このように、先に「セミナーが2つある」とまとめを述べるのは、聞き手にとってわかりやすい構成です。また、問い合わせをしてきた相手に対してより詳しい情報を伝えようとする親切な姿勢も感じられます。
- 基本的ですが適切な文法と語彙を使って、また、自信のある流暢な話し方で、正しい情報を伝えています。

その他の解答例

- Actually, no. According to the schedule, we're going to offer two seminars in November too.
  実は違います。予定表によると、11月にも2つのセミナーを開催する予定です。
- We have two seminars in November as well: Using Technology to Increase Efficiency and Giving Dynamic Presentations.
  11月にも2つセミナーがあります。「効率をアップさせるための科学技術の利用」と「力強いプレゼンテーションを行う」です。

Question 10

 I've heard Jun Li speak before, and he's very good. Could you tell me about the training he'll be giving?

Now listen again.

I've heard Jun Li speak before, and he's very good. Could you tell me about the training he'll be giving?

 解答例 Sure. Jun Li will be conducting two workshops with Mary Alt. The first one is on October fifteenth, and it's about resolving workplace conflict and will involve some role-play. The second workshop is on October twenty-ninth. That one is about team projects and overcoming the challenges involved in team projects.

 Jun Liが講演するのを以前聞いたことがありますが、彼はとても上手です。彼が行うことになっている研修について教えていただけますか。

ではもう一度聞いてください。

Jun Liが講演するのを以前聞いたことがありますが、彼はとても上手です。彼が行うことになっている研修について教えていただけますか。

解答例 もちろんです。Jun Li は Mary Alt と一緒に 2 つの講習会を行うことになっています。1 つめの講習会は 10 月 15 日にあり、それは職場での対立を解決することに関するもので、ロールプレイが行われます。2 つめの講習会は 10 月 29 日にあります。そちらはチームプロジェクトと、チームプロジェクトに関連する問題の克服についてです。

解説
- 質問は「Jun Li が行う研修」について情報を求めるものです。この解答例は、予定表から複数の情報を見つけて要約する能力を示しています。
- 予定表の Speakers の欄に Jun Li という記載がある行から、10 月 15 日と 29 日に開催される 2 つのセミナーが該当し、正しい情報を伝えていることがわかります。
- Could you ...? という質問に対して、Sure. と応じてから、詳細の説明を続けています。
- まず、Jun Li will be conducting two workshops with Mary Art. と言って、Jun Li が行う講習会の概要を伝えています。
- その後、1 つめのセミナーについて The first one is ... と切り出して、セミナーに関する補足的な情報を付け加えています。
- 予定表の構成に沿って、日付、テーマの順に話しています。テーマを伝えるときは、予定表にあるタイトルをそのまま言うのではなく、it's about ... と文の形にして伝え、講習会でロールプレイが行われることを補足しています。
- 続いて、2 つめのセミナーについて The second workshop is ... と、こちらも 1 つめと同様に日付、テーマの順に説明しています。
- 電話の相手が、質問に対して十分に詳しい情報を教えてもらったという確信を持てる解答です。

その他の解答例

- Of course. Jun Li is giving two workshops in October. One is about resolving workplace conflict and it's on October fifteenth. The other one is about overcoming challenges in team projects and it's on October twenty-ninth. Both workshops will be given with Mary Alt.

  もちろんです。Jun Li は 10 月に 2 つの講習会を行います。ひとつは職場での対立の解決に関してで、10 月 15 日にあります。もうひとつはチームプロジェクトで難題を乗り切ることに関してで、10 月 29 日にあります。どちらの講習会も Mary Alt とともに行われます。

◆ 評価について ◆

• 理解を妨げない多少の文法や発音の間違いは、評価に影響ありません。質問に対し的確な内容を流暢に答えていれば、最も高いスケールに評価される可能性はあるでしょう。

◆ 解答するときの注意点 ◆

• マイクに向かって、はっきりと、通常よりもややゆっくりとしたスピードのつもりで話します。

• たずねられた内容をきちんと答えることに集中しましょう。解答時間の間ずっと話していても、資料や質問に関連していない内容であれば、高い評価は得られません。また、質問されている内容以上のことを話す必要はありません。

• 解答はできるだけ簡潔にしてもかまいません。ただし、資料を読み上げるだけでは不十分です。
資料は目で見て見やすいように書かれたもので、話し言葉にはなっていません。電話で話しているという状況を念頭に置き、相手にわかりやすいように話しましょう。

◆ 練習方法 ◆

• 相手に理解してもらいやすい声の大きさや話すスピードを知るために、自分の解答を録音して聞き、繰り返し練習するとよいでしょう。

• 英語で書かれた資料から特定の情報を見つける力が必要です。インターネット上で企業の会議予定表などを探し、そこから情報を見つけて話す練習をしましょう。

• 誰かと練習する際には、互いに同じ資料を使って、以下のような質問をお互いにするとよいでしょう。
  • What time does the meeting start?　　　　　　　（その会議は何時に始まりますか。）
  • What time does it end?　　　　　　　　　　　　（それは何時に終わりますか。）
  • What are the names of the various sessions?　　（いくつかある会合の名前は何ですか。）
  • Where is each of the sessions located?　　　（それぞれの会合が行われる場所はどこですか。）
  • What time do they start and end?　　　　　　（それらは何時に始まって終わりますか。）

• 洋画やテレビ番組を、例えば最初は字幕付きで、次に字幕なしで見るなどして、繰り返し発音を真似することもよいでしょう。できるだけ多くの英語を聞くことで、リスニング力だけでなく、スピーキングのリズムやイントネーションも向上するでしょう。

• 必ず声に出して練習しましょう。自分の話し方を聞くことは、話す自信をつけるために役立ちます。

> ⚠ **再挑戦しよう**
>
> **Unit 1 Speaking Test Questions 8-10**（p.32-34）に再挑戦しましょう。
> 録音機器を使い、自分の解答を録音して確認しましょう。
> 解答を書き出し、修正して何度も声に出して練習すると効果的です。
> 解答例や表現例を活用しながら表現の幅を広げましょう。

— MEMO ——————————————————

Questions 8-10

 Directions: In this part of the test, you will answer three questions based on the information provided. You will have 45 seconds to read the information before the questions begin. You will have 3 seconds to prepare and 15 seconds to respond to Questions 8 and 9. You will hear Question 10 two times. You will have 3 seconds to prepare and 30 seconds to respond to Question 10.

New Software Training
March 16, Technology Training Center, Room 222

9:00-9:15	Opening Remarks, Ken Marston, Director of Technology Services
9:15-10:00	New Database Software: Introduction, Jessica Cheever
10:00-10:15	Coffee Break (lobby)
10:15-11:00	New Database Software Demonstration, Led by Chris Samson (computers available for 20 participants)
11:00-12:00	Individual Practice

Choose one practice task:
* Producing reports
* Entering new data
* Searching for data

準備

1 | Directionsの内容を把握する

2 | 資料に目を通す
- 場所・時間・日付・担当者などが書かれている箇所を確認する
  ▶ 資料の構成を把握し、できれば詳しい内容も確認しましょう。

3 | 問い合わせの理由を聞き取る
- 電話をかけてきている状況、理由

解答

4 | Question 8 を聞き取り、解答する
- たずねられている内容は何か
- その内容は資料のどこにあるか

5 | Question 9 を聞き取り、解答する
- たずねられている内容は何か
- 関連する情報は資料のどこにあるか

6 | Question 10 を聞き取り、解答する
- たずねられている内容は何か
  ▶ 資料の構成や情報を使って、解答を組み立てましょう。

練習2

Questions 8-10

 Directions: In this part of the test, you will answer three questions based on the information provided. You will have 45 seconds to read the information before the questions begin. You will have 3 seconds to prepare and 15 seconds to respond to Questions 8 and 9. You will hear Question 10 two times. You will have 3 seconds to prepare and 30 seconds to respond to Question 10.

♣ American Environmental Society

New York State Monthly Meeting
May 19, Lakewood Convention Center Main Auditorium

9:00–10:00	Continental Breakfast	
10:00–10:15	Welcome Address	*Maria Langborne, President*
10:15–10:30	Review of April Minutes	*John Collins, Secretary*
10:30–11:15	Lake Moore and Chemical Spills	*Lisa Sawyer, Ph.D.*
11:15-Noon	How Safe is Our Water Supply?	*Pat Easton, Ph.D.*
Noon–1:00	Lunch	
1:00–2:00	Cleaning up the Hooper River	*Pat Easton, Ph.D.*
2:00–3:30	Group Discussion (all participants)	
3:30–4:00	Closing Remarks	*Maria Langborne, President*

Speaking Test

Questions 8-10

 準備

1 Directionsの内容を把握する

2 資料に目を通す
- 場所・時間・日付・担当者などが書かれている箇所を確認する
  ▶ 資料の構成を把握し、できれば詳しい内容も確認しましょう。

3 問い合わせの理由を聞き取る
- 電話をかけてきている状況、理由

解答

4 Question 8 を聞き取り、解答する
- たずねられている内容は何か
- その内容は資料のどこにあるか

5 Question 9 を聞き取り、解答する
- たずねられている内容は何か
- 関連する情報は資料のどこにあるか

6 Question 10 を聞き取り、解答する
- たずねられている内容は何か
  ▶ 資料の構成や情報を使って、解答を組み立てましょう。

資料・訳（Directionsの訳はp.106を参照してください。）

新しいソフトウェアの研修会

3月16日、技術研修センター、222号室

9:00- 9:15	開会の言葉、Ken Marston、技術サービス部長
9:15-10:00	新しいデータベースソフト：概説、Jessica Cheever
10:00-10:15	休憩（ロビー）
10:15-11:00	新しいデータベースソフトの実演、Chris Samson による指導（参加者20名分のコンピューター利用可）
11:00-12:00	個別実習

実習課題をひとつ選んでください：
- 報告書の作成
- 新しいデータの入力
- データの検索

トランスクリプト

Hi, I work in the shipping area and my supervisor wants me to learn about the new database software we're going to use.

Question 8

When does the training start and where is it located?

解答例 48

The training starts at 9 o'clock, and it will be held in Room 222 in the Technology Training Center.

Question 9

I may need to leave for a few minutes at 11:00. Is that when the break will be?

解答例 49

No, unfortunately, the break is from 10 to 10:15.

Question 10

I heard there would be chances to practice using the software. Could you explain what this means?

Now listen again.

I heard there would be chances to practice using the software. Could you explain what this means?

解答例 50

Sure. There will be time for people to practice individually. It will be during the last hour of the training. You'll be able to choose one of three different tasks — producing reports, entering new data, or searching for data — and you'll practice that task.

訳

もしもし、私は配送関係の仕事をしていて、当社が使用する予定の新しいデータベースソフトについて学ぶよう、上司から言われました。

Question 8
研修はいつ始まり、どこで行われますか。
解答例 研修は9時に始まり、技術研修センターの222号室で開かれます。

Question 9
11時に2、3分間、離席する必要があるかもしれません。その時間は休憩時間にあたりますか。
解答例 いいえ、あいにく休憩は10時から10時15分までです。

Question 10
そのソフトを使って実習する機会があると聞きました。これはどういうことか説明していただけますか。

ではもう一度聞いてください。

そのソフトを使って実習する機会があると聞きました。これはどういうことか説明していただけますか。

解答例 もちろん。皆さんが個別に実習する時間があります。それは研修会の最後の1時間です。報告書の作成、新しいデータの入力、データの検索という3つの異なる課題の中からひとつを選ぶことができ、その課題を実習することになります。

解説

Question 8
- 解答は正確で、適切な内容です。
- 質問の2つの内容を的確に答えており、始まる時間の9 o'clockと開催場所であるRoom 222 in the Technology Training Centerの情報を与えています。
- 記載内容を、The training starts at ...、it will be held in ...と電話の相手が理解しやすいように文にして伝えています。
- 話し方がはっきりしていて流暢で、聞き取りやすい解答です。

Question 9
- 明確で簡潔にNo, unfortunately, と言ってから、正しい休憩時間が10時から10時15分であると伝え、休憩が11時からかという質問を適切に訂正しています。

Question 10
- Sure. と言って電話の相手の質問を理解したことを示してから、資料にある関連情報を明確でまとまりのある言い方で要約しています。
- There will be time for people to practice individually. や、You'll be able to choose one of three different tasksのように、資料にある情報を言い換えて、聞き手が理解しやすい表現にしています。
- 個別実習が行われる時刻を述べているわけではありませんが、It will be during the last hour of the training. という文で、いつ始まってどれくらい続くのかをはっきりと説明しています。
- 話し方がはっきりしていて一定のペースを保っており、理解しやすい解答です。

121

資料・訳 （Directionsの訳はp.106を参照してください。）

北米環境協会

ニューヨーク州月例会議
5月19日、Lakewoodコンベンションセンター メイン講堂

9:00 － 10:00	軽い朝食	
10:00 － 10:15	歓迎の挨拶	Maria Langborne会長
10:15 － 10:30	4月の議事録のまとめ	John Collins事務局長
10:30 － 11:15	Moore湖と化学物質の流出	Lisa Sawyer博士
11:15 － 正午	私たちの給水設備はどれほど安全か	Pat Easton博士
正午 － 1:00	昼食	
1:00 － 2:00	Hooper川の清掃	Pat Easton博士
2:00 － 3:30	グループ討論（参加者全員）	
3:30 － 4:00	閉会の言葉	Maria Langborne会長

トランスクリプト

Hi — the Environmental Society's monthly meeting is coming up, and I'd like to get some information about it.

Question 8

A colleague of mine will be doing a presentation — her name is Lisa Sawyer. What time will her presentation begin?

解答例 51

Just a minute, let's see — OK, Lisa Sawyer's presentation will begin at 10:30.

Question 9

And the talks this month are focused on air pollution, right?

解答例 52

Sorry, no. The talks this month are focused on water pollution.

Question 10

I may have to leave early. Can you tell me about what's going on after lunch?

Now listen again.

I may have to leave early. Can you tell me about what's going on after lunch?

解答例 53

Sure. After lunch, Pat Easton will talk about cleaning up the Hooper River. That's from 1:00 to 2:00. From 2:00 to 3:30, there will be a group discussion for all participants, and after that, the president of the society, Maria Langborne, will give closing remarks.

訳

もしもし、もうすぐ環境協会の月例会議がありますが、それについていくつか情報をいただきたいと思います。

Question 8

私の同僚がプレゼンテーションを行うことになっていて、彼女の名はLisa Sawyerです。彼女のプレゼンテーションは何時に始まりますか。

解答例 少々お待ちください。ええと、わかりました。Lisa Sawyerのプレゼンテーションは10時30分に始まります。

Question 9

そして、今月の議題は大気汚染に焦点を当てていますよね？

解答例 すみません、違います。今月の議題は水質汚染に焦点を当てています。

Question 10

私は早めに退出しなければならないかもしれません。昼食後に何が行われるか教えてもらえますか。

ではもう一度聞いてください。

私は早めに退出しなければならないかもしれません。昼食後に何が行われるか教えてもらえますか。

解答例 もちろんです。昼食後、Pat EastonがHooper川の清掃について話します。それが1時から2時までです。2時から3時30分までは、参加者全員のためのグループ討論があり、その後、協会長のMaria Langborneが閉会の言葉を述べます。

解説

Question 8
- 資料から必要な情報を見つける間に、Just a minute、let's see、OKなどの言葉を使っており、いずれも状況に即した適切な表現です。
- 質問に対して10:30と時間のみではなく、Lisa Sawyer's presentation will begin at 10:30と述べ、何について答えているのかを明確にしています。

Question 9
- 質問に的確に答えており、十分に効果的な返答です。
- 理解しやすい話し方です。
- 電話の相手が述べた間違った情報について、簡潔にSorry, no.と即座に訂正し、続けてwater pollutionという正しいテーマを伝えています。

Question 10
- 早めに退出するかもしれない電話の相手にとって必要な情報がすべて含まれています。
- 会議の午後の内容について、発表者と議題を明確に伝えています。
- 予定を説明するのに、talk aboutを使って講演のテーマを示したり、there will be a group discussionやgive closing remarksと言い換えたりするなど、文の形に適切に組み立てて、電話の相手が流れを理解しやすいように説明しています。
- 早めに退出する可能性のある人にとって役立ちそうな情報であると認識した上で、昼食後の活動が行われる時間もあわせて伝えています。
- After lunch、from ... to ....、after thatを使って時間や順序を表し、聞き手が理解しやすい解答になっています。
- 論理的で、聞き取りやすい話し方です。

Express an opinion
Question 11

意見を述べる問題

Question 11 では、あるテーマについて個人的な意見や見解を述べる能力や、テーマにふさわしい理由、論拠、例を使い、整理されたわかりやすい形で意見や見解を説明する能力が測定されます。示されたテーマについて自分の意見をはっきりと述べ、論理的に説明しましょう。

設問数 1問

準備時間 45秒

解答時間 60秒

Question 11

提示される身近なテーマについて、意見とその理由を述べる

設問と
テーマ
→
（準備指示）
Begin
preparing
now.
ビープ音
準備時間
45秒
→
（解答指示）
Begin
speaking
now.
ビープ音
解答時間
60秒

＊設問とテーマは音声で読み上げられますが、画面上にも表示されます。

高い採点スケールの解答は

① テーマを正しくつかんでいる。
② 自分の意見を理由とともに提示している。

今の力を発揮するには

● まずは自分の意見や考えを明確に伝えましょう。
● どのような構成で話すかなど、準備時間の間にできるだけ考えておきましょう。

テストでの画面の流れ

🎧 **5** Speaking Test Question 11 は、以下のような流れで画面に表示されます。
音声ファイルを聞きながら、確認するとよいでしょう。

≪ Directions ≫

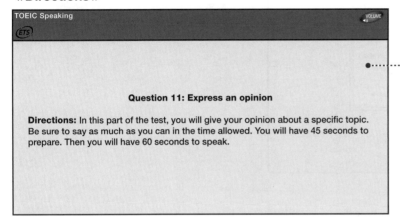

Directionsが画面に表示され、音声でも
流れます。
この後、画面は自動的に切り替わります。

≪設問と準備時間≫

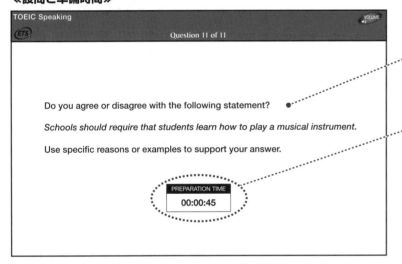

設問が表示され、音声でも読み上げられ
ます。

Begin preparing now.（ビープ音)のナ
レーションの後に、準備時間のカウントダ
ウンが始まります。

≪解答時間≫

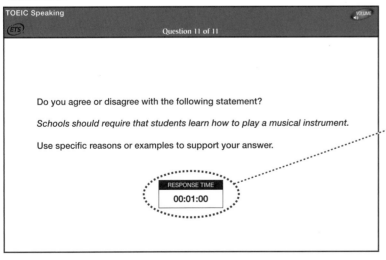

Begin speaking now.（ビープ音)のナ
レーションの後に、解答時間のカウントダ
ウンが始まります。

≪解答時間終了≫

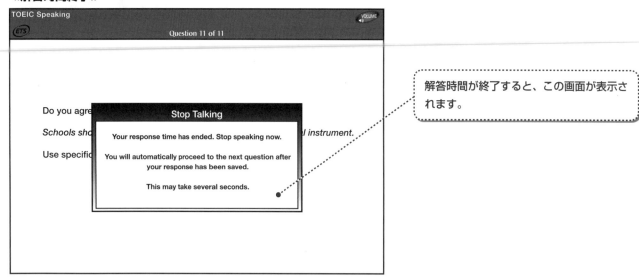

解答時間が終了すると、この画面が表示されます。

≪Speaking Test終了≫

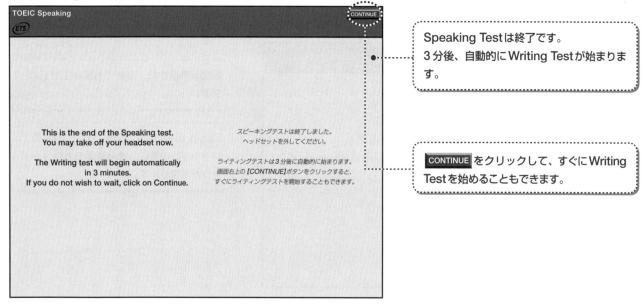

Speaking Testは終了です。
3分後、自動的にWriting Testが始まります。

CONTINUE をクリックして、すぐにWriting Testを始めることもできます。

採点ポイント

Speaking Test Question 11 は以下の7点について採点されます。

- 発音
- イントネーション・アクセント
- 文法
- 語彙
- 一貫性
- 内容の妥当性
- 内容の完成度

＊採点スケール表は p.128 に掲載しています。

解答は以下の採点ポイントに基づいて0から5で評価されます。

採点スケール	採点ポイント
5	解答は自分の選択や意見を明確に示しており、その理由づけは容易に理解することができ、また、継続的に話されており、一貫性がある ● 理由や詳細、論拠または例を提示することで、自分のとった選択や意見に対する裏づけがなされており、考えのつながりは明確である ● 全体的にほどよいペースではっきりと話されている。発音、イントネーションに些細なミスやわずかな問題はあるが、全体の理解を妨げるものではない ● 基本的な構文も複雑な構文も（必要に応じて）自由に使うことができる。些細なミスが時折見受けられるが、意味をわかりにくくするものではない ● 語彙・語句の使い方は多少正確でない場合もあるが、効果的に使っている
4	解答は明確に自分の選択や意見を示しており、それらを十分に裏づけまたは展開できている ● 自分のとった選択や意見の理由を説明できているが、説明は十分には展開されていない。ところどころで間違いはあるものの、考えのつながりはほぼ明確である ● 発音、イントネーション、ペースにわずかに問題があり、聞き手が理解しづらい箇所もある。ただし、全体の理解が大きく妨げられることはない ● 比較的自由かつ有効に文法を使いこなせるが、使用する構文がやや限定的である ● 語彙・語句をかなり効果的に使えるが、不正確・不明確なものもある
3	自分のとった選択や好み、意見を提示できているが、それらを展開したり裏づけすることに限りがある ● 自分の選択、好み、意見を支持する理由を最低1つは示している。しかし、詳細な説明はほとんどなく、同じ内容の繰り返しにすぎない。また、あいまいではっきりしない ● 話す内容は基本的にわかるが、発音が不明瞭だったり、イントネーションがぎこちない、またはリズムやペースが不規則なため、ところどころ意味がはっきりせず、聞き手は理解に苦労する ● 使える文法に限りがある。うまく流暢に使っているのは基本的な構文がほとんどである ● 使用できる語彙・語句は限られている
2	課題に関連する自分の選択や好み、意見を示してはいるが、その理由を提示していない、またはその理由がわかりづらく一貫性がない ● 発音、アクセント、イントネーションに終始問題があり、聞き手はかなり理解に苦労する。断片的で途切れがちな話し方、また長い間があいたり、口ごもることがたびたびある ● 使用できる文法が非常に限られていて、言いたいことを表現したり、思考の流れを明確に表現することができない ● 使用できる語彙・語句はかなり限られており、繰り返しが多い
1	課題や設問文をそのまま読み上げているだけである。課題が要求する自分の意見や選択、好みを示すことができない。単語のみ、またはフレーズのみ、あるいは母国語と英語を混ぜて答えている
0	無解答、もしくは解答の中に英語が含まれていない、またはテストと全く関係ないことを答えている

＊解答は各採点スケールの採点ポイントに基づいて評価されますが、ポイントのすべてを網羅していなければならないというわけではなく、総合的に評価されます。

解答のプロセス

この問題形式の解答の流れは以下の通りです。
次ページからこの流れに沿って詳しく学習します。

1 Directionsの内容を把握する

課題内容を的確に理解します。

2 設問を理解し、準備時間で意見とその理由を考える

どんなテーマに関する意見を述べるよう求められているか、的確に理解します。
準備時間の45秒で、どのような意見を述べるか、その意見を支持する理由をできれば2つ以上考えます。

3 解答する

自分の意見とその理由を、聞き手に理解してもらえるように60秒以内に話します。

*解答プロセスの詳しい説明には Unit 1 Speaking Test Question 11 (p.35) を使用します。

Speaking Test

Question 11

1 | Directions の内容を把握する

> **Directions:** In this part of the test, you will give your opinion about a specific topic. Be sure to say as much as you can in the time allowed. You will have 45 seconds to prepare. Then you will have 60 seconds to speak.

この問題形式
について

2 | 設問を理解し、準備時間で意見とその理由を考える

> Do you agree or disagree with the following statement?
>
> *Schools should require that students learn how to play a musical instrument.*
>
> Use specific reasons or examples to support your answer.

設問とテーマ

📝 **ディレクション：** この問題では、特定のトピックについて、自分の意見を述べます。与えられた時間でできるだけ多くのことを話してください。準備時間は 45 秒です。その後、60 秒で解答します。

あなたは次の意見に賛成ですか、それとも反対ですか。

学校は、学生が楽器の演奏の仕方を学ぶことを義務付けるべきである。

具体的な理由や例を使って、自分の答えを裏付けてください。

Directions

Question 11 で行うこと (あるテーマについて意見を述べる) や、解答時間を確認します。

設問の理解と解答の準備

設問の理解

設問が画面に表示され読み上げられるのを聞きながら、どのようなテーマについてたずねられているのかしっかりと把握しましょう。

設問はさまざまです。

- ひとつのテーマについて「賛成か反対か」などの意見を求めるもの
- あるテーマに関して重要なことを複数の選択肢から選び、意見を述べるよう求めるもの
- 自由に意見を述べるもの

そのほかの形式で出題される可能性もあります。

テーマもさまざまで、抽象的なもの (物事に対する決断方法について述べる、など) が題材となることもあるでしょう。母語でない言語で話すことは容易ではありませんが、実際に英語を話す環境で働く場合にはまれではありません。抽象的なテーマでも、理路整然と自分の意見を主張できる力を身につけましょう。

この設問では、

Schools should require that students learn how to play a musical instrument.

学校は、学生が楽器の演奏の仕方を学ぶことを義務付けるべきである

という意見について、賛成か反対かを明確にして理由を説明するように求められています。

準備時間中

45 秒間で意見とそれを支持する理由を考えます。

＊自分の意見を決める

設問、テーマに応じて、自分の意見を決めます。

> ✅ 意見は自分が正しいと思うものや、意見や理由を英語で言いやすいものを選ぶとよいでしょう。より流暢に話し、語彙・文法を適切に使うことができるでしょう。

> ✅ どのような意見を支持するかは採点の対象ではありません。意見が明確でその意見を支持する理由がわかりやすく、一貫性のあるものかどうかが、採点ポイントに沿って評価されます。

この設問への解答では、

- 学校は学生が楽器の演奏の仕方を学ぶように義務付けるべきだ
- そうすべきでない

どちらの意見を支持しても、評価には影響しません。

＊理由を考える

自分がその意見を支持する理由を考えます。

> ✅ 理由は少なくとも 2 つ以上考えましょう。準備時間に具体例も考えられるとよいでしょう。

> ✅ 解答で使いたい名詞や動詞を 2 つずつ程度思い浮かべるだけでも、理由を答えるのに役立つでしょう。

> ✅ 自分が説明しやすい理由、あるいは英語で言いやすい理由を考えましょう。せっかくよい理由を選んでも、説明が複雑すぎて自分の英語力が及ばない場合があるかもしれません。

解答例 56

There is no problem with encouraging students to learn how to play a musical instrument, but I disagree that schools should require students to play one. First of all, playing music is not a basic skill. If a student cannot play an instrument, it is not necessarily going to have a negative impact on that person's ability to be successful in life. Therefore, as a school subject, I believe music shouldn't be treated like the basic areas of reading, writing, math, and science. In general, I think students perform better when they are given some choice in what they study, beyond the basic areas. If students are allowed to choose to play a musical instrument, they will feel more interest in the subject and they will even be more likely to succeed at playing.

＊解答例はすべての採点ポイントに合致し、最も高い採点スケールに評価されるものです。
詳しくはp.127-128 をご覧ください。

 訳 **解答例** 学生に楽器の演奏の仕方を学ぶように奨励することは問題ありませんが、学校が学生に楽器の演奏を義務付けること には反対です。まず、音楽を演奏することは基本的なスキルではありません。学生が楽器を演奏できなくても、人生 で成功するための能力に必ずしも悪影響を与えるわけではありません。従って、学科として、音楽は読み書き、数学 や自然科学のような基本分野と同じように扱われるべきではないと思います。一般に、基本分野の域を越えて学ぶ内 容にいくつかの選択肢が与えられると、学生はよりよく成果を発揮すると思います。学生が楽器を演奏することを選 べるなら、彼らはその教科により興味をもち、演奏で成功する可能性さえもあるでしょう。

解答時間中

60秒で、自分が支持する意見とその理由を答えます。

2で考えた理由や語彙（名詞や動詞）を使いながら、相手にわかりやすく話しましょう。

わかりやすく話すためには、話の流れや構成も重要です。

この設問では、賛成か反対かを選んで解答します。明確な理由を使って、話の筋を立てやすく自分が話しやすい立場を選んで答えましょう。

この解答例のような以下の構成もわかりやすい流れの一例でしょう。

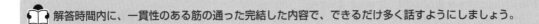

| 意見 | ➡ | 理由 / 例 | ➡ | 理由 / 例 |

🎧 話し方も評価に大きく影響します。はっきりと話すことを忘れないでください。
かんばって自分の意見を伝えようとするうちに、結局理解しづらい解答になってしまうことがあります。このような状況に陥っていると気づいた場合は、一旦話すのをやめ、ひと息ついてからゆっくりと話すようにしましょう。

🎧 解答時間内に、一貫性のある筋の通った完結した内容で、できるだけ多く話すようにしましょう。

🎧 話しているときに間違えた箇所を言い直してもかまいません。文法的に正しい文が作れるようなら、より高い評価につながります。

🎧 理由を2つ以上考えることが難しい場合も、まずは自分の意見を明確にしたり、理由をひとつ言うなど、話せる情報を話しましょう。何も話さないよりはよい採点スケールになるでしょう。

この設問では、学生が楽器の演奏の仕方を学ぶのを義務化すべきだという意見に対して、賛成、または反対の立場を明確にして理由を説明することが求められています。

解答例では反対の立場に立って、一貫して意見を述べていますが、論法はこれだけではありません。

上級者向けの理論構成ですが、「賛成の意見もある」と譲歩しながら、「それでも反対する」と主張を強める方法もあるでしょう。解答の中で、賛成する側から見た利点（義務化すれば幅広い教養を身につけられる）を説明しながら、あえてその利点を否定して（けれども興味のない生徒には苦痛でしかなくより嫌いになる可能性があり、メリット以上にマイナス面が多い、など）、反対の立場を強調することもできます。このような構成で意見を述べるときは、誤って自分の主張したい意見とは逆の意見を擁護してしまわないように注意が必要です。

自分がどのような流れで話すのか、最初に明確に考えましょう。

> ⚠ **見直そう**
>
> **Unit 1 Speaking Test Question 11**（p.35）で録音した自分の解答を聞いてみましょう。
>
> ＊準備時間に何をしたか
> ＊意見をはっきり述べたか
> ＊はっきり話したか
> ＊理由を具体的に少なくとも2つ述べたか
>
> 解答のプロセスを振り返り、改善点を考えます。
> 解答を書き出し、よく考えて修正することも効果的でしょう。

その他の表現例

■ 意見を述べる

- I agree with the idea that the Internet is an effective educational tool for children.
  私は、インターネットは子どもたちにとって効果的な教育手段のひとつであるという考えに賛成します。

- I think we should spend our money on vacations rather than saving it.
  私は、貯金よりもむしろ休暇にお金を費やすべきだと思います。

- It is my opinion that we should abandon the lifetime employment system.
  私の意見は、終身雇用制度を廃止すべきだというものです。

- In my view, discussing something until we are satisfied is the best way to handle a disagreement.
  私の考えでは、満足するまで何かについて議論することが意見の相違を解決する最良の方法です。

■ 理由を説明する

- I say this because we need to prepare for the unexpected.
  私がこのように言うのは、私たちは予期しない出来事に備える必要があるからです。

- First, the lifetime employment system tends to hinder a company's growth.
  第一に、終身雇用制度は企業の成長を妨げる傾向があります。

- Second, it costs a lot to the company, as workers' salaries will increase simply because they have been working for a long time.
  第二に、会社にとって多額の費用がかかります。というのも、長期間働いているという理由だけで社員の給与が増加するからです。

- Finally, young motivated workers may lose their motivation.
  最後に、若くてやる気のある社員がやる気を失う可能性があります。

- To begin with, it is definitely a waste of time to spend hours on commuting.
  まず、通勤に長い時間を費やすことは、間違いなく時間の無駄です。

- In addition, even if a conclusion is not what we expected, we tend to be satisfied after discussing something thoroughly.
  さらに、たとえ結論が期待と異なっていても、十分に何かについて議論すると満足する傾向があります。

■ 例や詳細を説明する

- For example, many kinds of services or functions have become available recently to protect children from harm when they use the Internet.
  例えば、最近では、子どもたちがインターネットを使うときに彼らを危険から守るため、多くの種類のサービスや機能が利用できます。

- What I mean is that we can work more creatively or productively if we use the time that we would otherwise spend on commuting every day.
  私が言いたいのは、私たちが毎日通勤に費やす時間を使えたならば、より創造的に、あるいは生産的に働くことができるということです。

- However, if you can't take days off and do something that refreshes your mind, you'll be exhausted from working and saving every day.
  しかし、もし休みを取って気持ちをリフレッシュする何かができなければ、毎日働いて節約することに疲れ切ってしまうでしょう。

- In my case, there was conflict between my colleagues about how to advance a project.
  私の場合、プロジェクトの進め方について同僚たちの間で対立がありました。

- Specifically, some colleagues were trying their best to comply with the client's requests, while others were giving more consideration to the tight budget.
  具体的には、顧客の要求に従うよう最善を尽くそうとしていた同僚がいた一方で、ほかの者たちは厳しい予算についてより深く検討していました。

■ まとめる

- So, I think spending money on vacations will enrich our lives.
  ですから、私は休暇にお金を使うことで私たちの生活が豊かになると思います。

- This is why I believe the Internet is a good educational tool for children.
  そういうわけで、私は、インターネットは子どもたちにとってよい教育手段だと思っています。

- For these reasons, I try to discuss something thoroughly when I disagree with someone.
  これらの理由で、私は誰かと意見が分かれたとき、徹底的に議論するようにしています。

解答例の詳しい解説

＊■ などの数字は何文目かを表しています。

1There is no problem with encouraging students to learn how to play a musical instrument, but I disagree that schools should require students to play one. **2**First of all, playing music is not a basic skill. **3**If a student cannot play an instrument, it is not necessarily going to have a negative impact on that person's ability to be successful in life. **4**Therefore, as a school subject, I believe music shouldn't be treated like the basic areas of reading, writing, math, and science. **5**In general, I think students perform better when they are given some choice in what they study, beyond the basic areas. **6**If students are allowed to choose to play a musical instrument, they will feel more interest in the subject and they will even be more likely to succeed at playing.

 学生に楽器の演奏の仕方を学ぶように奨励することは問題ありませんが、学校が学生に楽器の演奏を義務付けることには反対です。まず、音楽を演奏することは基本的なスキルではありません。学生が楽器を演奏できなくても、人生で成功するための能力に必ずしも悪影響を与えるわけではありません。従って、学科として、音楽は読み書き、数学や自然科学のような基本分野と同じように扱われるべきではないと思います。一般に、基本分野の域を越えて学ぶ内容にいくつかの選択肢が与えられると、学生はよりよく成果を発揮すると思います。学生が楽器を演奏することを選べるなら、彼らはその教科により興味をもち、演奏で成功する可能性さえもあるでしょう。

Speaking Test

Question 11

意見

1文目 最初に、There is no problem with ... a musical instrument と前置きをしてから、but I disagree that schools should require students to play one と自分の意見を述べています。文末のone は a musical instrument を指します。

理由 / 例

2文目 意見を支持する理由 playing music is not a basic skill を述べています。

3文目 2文目で主張した内容の例を挙げています。not necessarily という部分否定の表現を効果的に使っています。

4文目 Therefore を使って、その理由をまとめています。

理由 / 例

5、6文目 I think students perform better ... ともうひとつの理由を述べ、If students are allowed to choose to play a musical instrument ... と、さらに詳しく説明しています。

❀

• 与えられたテーマに関する意見を述べるという課題を十分に満たしています。

• 設問で指定された、Schools should require that students learn how to play a musical instrument. に対して、義務付けるべきではないという自分の意見を、playing music is not a basic skill という理由を使って明確に述べています。

• Therefore など、つなぎ言葉を効果的に使って話を進め、解答の内容が一貫したものになるように構成しています。

• 主語と動詞の一致や、代名詞の言い換えなど、文法や構文を正しく使っています。

- For several reasons, I agree with the statement that students should be required to learn to play a musical instrument.

  いくつかの理由から、私は学生たちが楽器の演奏の仕方を学ぶことを義務付けられるべきだという主張に賛成します。

- First, it's the school's responsibility to give students a well-rounded education.

  第一に、学生たちに幅広い教養を身につけさせることは学校の責務だと思います。

- Schools generally concentrate on basic studies such as math and science. However, it's also important to introduce students to cultural subjects such as music and arts.

  学校は一般的に、数学や科学といった基礎科目に重点を置きます。しかし、学生たちを音楽や美術などの教養科目に触れさせることも重要です。

- Furthermore, the experience of playing an instrument will make students' connection to music more personal and encourage them to continue exploring music outside of school.

  さらに、楽器を演奏する経験は、生徒と音楽のつながりをより個人的なものにし、学校の外で音楽の探究を続けることを彼らに促すでしょう。

- To be more specific, I believe playing an instrument is important because it teaches children the value of art and culture, as well as showing them that practice and hard work are necessary.

  より具体的に言うと、楽器を演奏することは重要だと思っています。なぜなら、楽器を演奏することは、子どもたちに練習や大変な努力が必要であることを示すだけでなく、彼らに芸術や文化の価値を教えるからです。

- For these reasons, I think schools should require students to learn how to play a musical instrument.

  これらの理由から、学校は学生に楽器の演奏の仕方を学ぶことを義務付けるべきだと思います。

◆ 評価について ◆

- 聞き手の理解を妨げない程度の文法ミスがあったり、語彙がやや制限されていても、理由が 2 つ述べられていれば、比較的高い採点スケールを取得できる可能性があります。

- どれくらい明確に自分の選んだ意見を支持できているかが、採点の際に重要視されます。

◆ 受験準備 ◆

- 準備時間の 45 秒と解答時間の 60 秒を実際に計り、設問に答える練習をしましょう。解答を録音すれば、採点者が評価するのと同様に解答を聞くことができるため、自分で採点ポイントに沿って評価したり確認することができます。

- 自分の解答の録音から弱点を見つけましょう。話を続けられない理由は、語彙がわからないから、文法に問題があるから、などと弱点を把握して計画的に学習しましょう。

◆ 練習方法 ◆

- 英字新聞やニュース雑誌に掲載されている社説を読み、わかりやすい構成を学ぶように努めましょう。Question 11 は、Speaking Test の中でも最も難しい問題形式です。初めのうちはうまくいかないかもしれませんが、繰り返し練習することで上達できます。

- できるだけ多く、英語の映画や演説を使って、発音やリズム、イントネーションを聞きましょう。テレビやラジオでも、この問題形式で出題されるような日常的なテーマについてよく議論されています。それらを聞けば、解答を構成する際のヒントを得ることができるでしょう。

- スピーキングよりライティングの方が得意だという人は、まず自分の意見とその理由を書き、それを読み上げる練習から始めましょう。何度も繰り返すうちに、最初に書かなくても、あるテーマについて意見や理由を話せるようになるでしょう。

- 自分の考えを英語で表現する練習には、自分の決断や意見について英語でほかの人と実際に話してみましょう。また、次のような質問について考え、英語で意見と理由を述べる練習をすると、テストの準備として役立つでしょう。

How do you think when you make decisions?	（決断をするとき、どのように考えるか。）
How do you think when you solve problems?	（問題を解決するとき、どのように考えるか。）
How do you resolve disagreements with other adults?	
	（他人との意見の相違をどのように解決するか。）
How do you decide to purchase one thing over another?	
	（別の物と比べてある物を購入することをどのように決めるか。）
How do you budget your money?	（どのようにお金の使い道を考えるか。）
What are your thoughts about saving money vs. spending for a vacation?	
	（お金を貯めることと休暇にお金を使うことについてどのように考えるか。）

Speaking Test

Question 11

(!) **再挑戦しよう**

Unit 1 Speaking Test Question 11 (p.35)に再挑戦しましょう。
録音機器を使い、自分の解答を録音して確認しましょう。
解答を書き出し、修正して何度も声に出して練習すると効果的です。
解答例や表現例を活用しながら表現の幅を広げましょう。

Question 11

 Directions: In this part of the test, you will give your opinion about a specific topic. Be sure to say as much as you can in the time allowed. You will have 45 seconds to prepare. Then you will have 60 seconds to speak.

Some people say that physical exercise should be a required part of every school day. Other people believe that students should spend the whole school day on academic studies. Which opinion do you agree with? Use specific reasons and details to support your answer.

準備

1. Directions の内容を把握する

2. 設問を理解し、準備時間で意見とその理由を考える
- 45秒で、自分で説明しやすい意見や理由を考える
- 学生はすべての登校日に「運動するように義務付けられるべき」か「勉強に専念すべき」か、どちらの意見に賛成するか
- その意見を支持する理由 (できれば2つ以上)と具体例
  ▶ 名詞や動詞を思い浮かべるだけでも解答するときに役立ちます。
  ▶ 話の流れまで考えられるとよいでしょう。

解答

3. 解答する
- 考えた構成に沿って、60秒以内で話す

練習 2

Question 11

 Directions: In this part of the test, you will give your opinion about a specific topic. Be sure to say as much as you can in the time allowed. You will have 45 seconds to prepare. Then you will have 60 seconds to speak.

In your opinion, which ONE of the following is the best way to learn about photography? Why? Use specific reasons or examples to support your opinion.

- Reading books about photography
- Asking a camera salesperson, or
- Talking to friends who know about photography

準備

1 Directionsの内容を把握する

2 設問を理解し、準備時間で意見とその理由を考える
- 45秒で、自分で説明しやすい意見や理由を考える
- 写真を学ぶのに最良の方法はどれで、それはなぜか
- その意見を支持する理由（できれば2つ以上）と具体例
  ▶ 名詞や動詞を思い浮かべるだけでも解答するときに役立ちます。
  ▶ 話の流れまで考えられるとよいでしょう。

解答

3 解答する
- 考えた構成に沿って、60秒以内で話す

Question 11

設問・訳 （Directionsの訳はp.130を参照してください。）

運動が全登校日に義務付けられるべきだと言う人がいます。また、学生は登校日のすべてを学問の習得に費やすべきだと考える人もいます。あなたはどちらの意見に賛成ですか。具体的な理由と例を使って、自分の意見を裏付けてください。

解答例 59

I believe that students should be required to perform some physical exercise during the day. There are some great benefits for everyone involved when students have a break to refresh themselves. I think it's unreasonable to expect kids to sit in one place for six or seven hours a day. When I was in school, we had an hour every day for sports practice or physical education. This got us all up out of our seats and moving, and gave us a break from just sitting and listening or writing. This break was absolutely essential. When we returned to class, we could focus better. Our brains would be recharged, and we could think and learn again. Our teachers would also appreciate the fact that we were able to focus on studying after we had had some exercise.

解答例・訳

学生は1日になんらかの運動をするように義務付けられるべきだと私は思います。学生たちがリフレッシュするために休憩を取ると、関係する全員にいくつかの大きな利点があります。1日に6時間あるいは7時間もひとつの場所に座っていることを若い人たちに期待するのは理不尽だと思います。私が学生だったときは、スポーツの練習や体育の時間が毎日1時間ありました。これが私たち全員を席から立って体を動かすようにさせ、ただ座って聞いたり書いたりすることからの休息を与えてくれました。この休息は間違いなく不可欠でした。授業に戻ったときは、より集中することができました。私たちの脳が再び元気になり、再び考えたり覚えたりすることができました。教師たちもまた、私たちがいくらか運動した後で勉強に集中できるという事実を認識していたのでしょう。

解説

- 意見がはっきりと述べられており、その意見の裏付けもわかりやすく、論理的です。
  I believe that students should be required to perform some physical exercise during the day. と、まずはっきり意見を述べ、また、その意見を裏付ける詳細 unreasonable to expect kids to sit in one place for six or seven hours a day、When we returned to class, we could focus better.、Our brains would be recharged, and we could think and learn again. も述べています。
- 個人的な体験 When I was in school, we had an hour every day for sports practice or physical education. を使って効果的に説明しています。
- 意見の関連性が明確で、基本的な文構造も複雑な文構造も、適切に使いこなしています。
- refresh themselves、recharged など、語彙の使い方は正確で効果的です。
- 話し方が流暢ではっきりしており、聞き取りやすい解答です。

練習 2　解答例と解説

Question 11

設問・訳 （Directionsの訳はp.130を参照してください。）

あなたの意見では、次のうちどれが写真の撮り方を学ぶのに最善の方法ですか。それはなぜですか。
具体的な理由と例を使って、自分の意見を裏付けてください。

• 写真の撮り方についての本を読む
• カメラの販売員にたずねる、または
• 写真の撮り方をよく知っている友人に相談する

解答例 🎧 60

I think the best way to learn about photography is by talking to a knowledgeable friend. Camera salespeople don't necessarily know much about photography; they might be able to describe the specifications of the cameras and which button does what, but not what truly makes a great photograph. On the other hand, a knowledgeable friend will have lots of tips and will also be willing to spend much more time helping you get started. You can ask as many questions as you want, whenever you want, by contacting your friend however you normally communicate. Browsing books at the library might be interesting, but again, that cannot provide extra help tailored to you the way that a friend can. What's more, your friend will probably enjoy talking about something he or she is good at, so you will both gain something from the experience.

解答例・訳

写真の撮り方を学ぶ最善の方法は、知識の豊富な友人に相談することだと私は思います。カメラの販売員は、写真の撮り方について必ずしも多くのことを知っているわけではありません。彼らはカメラの仕様や、どのボタンが何をするかを説明することはできるかもしれませんが、何が本当にすばらしい写真を作るのかは説明できないでしょう。一方、知識の豊富な友人はたくさんの有益な情報をもっているでしょうし、あなたが始めるのを手伝うのに、進んでより多くの時間を割いてくれるでしょう。どのような方法でもいつものように友人に連絡を取ることで、聞きたいときに好きなだけいくつでも質問をすることができます。図書館で本を閲覧するのはおもしろいかもしれませんが、こちらもまた、友人ができるような方法で、あなたに合わせた特別な手助けをすることはできません。さらに、友人はおそらく、自分が得意なことについて話すのを楽しむでしょうから、あなたたち双方がその経験から何かを得ることになるでしょう。

解説

• 自分の意見を I think the best way to learn about photography is by talking to a knowledgeable friend. とはっきりと述べ、裏付けも論理的で、容易に理解できます。
• 2～5文目で、ほかの2つの選択肢の利点を認めた上で、自分の意見はそれと同等、さらにはそれ以上の利点があることを詳しく説明する、という構成でまとめています。
• 複数の理由や詳しい情報、例が提示されて、意見のつながりが明確な構成になっています。
• 5文目では、すでに述べた裏付け情報に再び言及するのに but again というフレーズを使うなど、話し言葉らしい調子が見られます。
• necessarily、specifications、truly、browsing、gain from などの語彙が、非常に効果的、かつ適切に使われています。

Writing Test

Writing Testの始まり方

開始前に休憩はありません。

Speaking Testが終了し、3分後に自動的に画面が変わり、Writing Testが開始します。

※Speaking Testが終わり CONTINUE をクリックすると、すぐにWriting Testを始めること
もできます。

Writing Testの進み方

問題形式により進行方法が異なります。各問題形式の説明をよくご確認ください。

自分で CONTINUE をクリックして進行する画面と、自動的に切り替わる画面があります。

問題を飛ばしたり、戻ったりすることはできません（Questions 1-5 は除く）。

試験が始まると、途中で止めることはできません。

＊テスト画面や進行は予告なく変更することがあります。
受験の際には事前にIIBC公式サイトでご確認ください。https://www.iibc-global.org

Write a sentence based on a picture
Questions 1-5

写真描写問題

Questions 1-5 では、文法の知識や文の構成力が測定されます。画面に提示される 1 枚の写真と 2 つの語句を使って写真に基づいた文を作成します。与えられた語句は適切な形に変更して使うことができます（動詞の現在形を過去形にしたり、名詞の単数形を複数形にしたりするなど）。

設問数 5 問

解答時間 5 問で 8 分

Question 1

与えられた 2 つの語句を使って、写真の内容に合う 1 文を書く

＊Questions 2-5 も同じ

＊解答時間の 8 分以内なら、前の設問に戻り、解答を見直したり変更することも可能です。

Question 2 ⇕ **Question 5**

Question 3 ⟷ **Question 4**

高い採点スケールの解答は

① 提示された語句を適切に用いている。
② 写真に基づいた文である。
③ 文法的に正しい 1 文である。
● 意味が正しく伝わる限り、つづりや句読点の誤りは評価に影響しません。
● 非常に複雑な文や長い文を書いても、加点されません。

今の力を発揮するには

● 提示された 2 つの語句を 1 文に入れることがどうしても難しい場合も、まずは少なくともひとつの語句を使って文を作成してみましょう。
● 文法的に正しい文か自信がなくても解答してみましょう。

テストでの画面の流れ

Writing Test Questions 1-5 は、以下のような流れで画面に表示されます。

≪ Writing Test Directions ≫

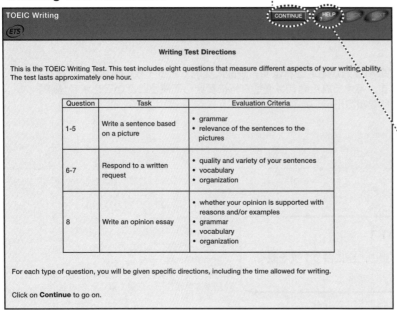

Writing Test全体のDirectionsが表示されます。
CONTINUE をクリックして次の画面に進み、Questions 1-5 を開始します。

HELP をクリックすると、入力方法やスクロール方法などを確認できます。

≪ Directions ≫

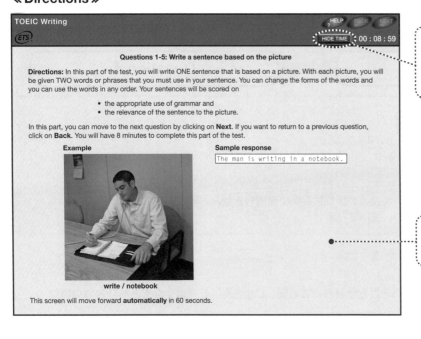

クリックすると **HIDE TIME** **SHOW TIME** が切り替わり、残り時間の表示／非表示を変更できます。

この画面は60秒後に自動的に次の画面に切り替わります。

≪Directions、写真、使用する語句の提示と解答の入力≫

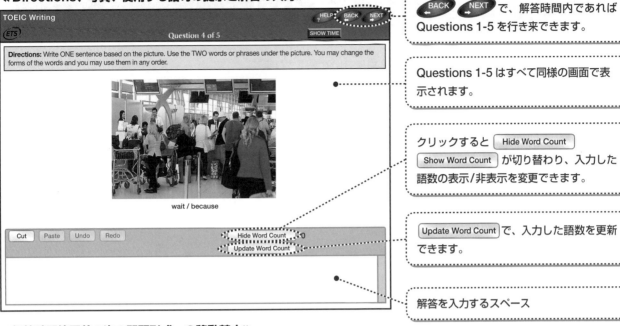

で、解答時間内であれば Questions 1-5 を行き来できます。

Questions 1-5 はすべて同様の画面で表示されます。

クリックすると Hide Word Count Show Word Count が切り替わり、入力した語数の表示/非表示を変更できます。

Update Word Count で、入力した語数を更新できます。

解答を入力するスペース

＊画面の設問は Unit 1 の Question 4 です。

≪解答時間終了前の次の問題形式への移動禁止≫

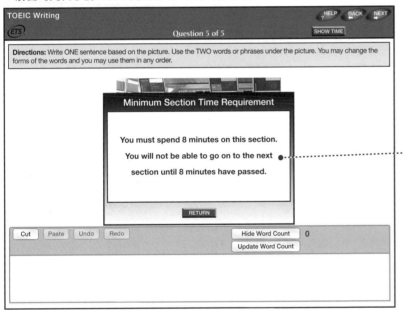

Questions 1-5 すべての解答が終わっても、8 分間の解答時間が終了するまで次の問題形式に進むことはできません。

≪解答時間終了≫

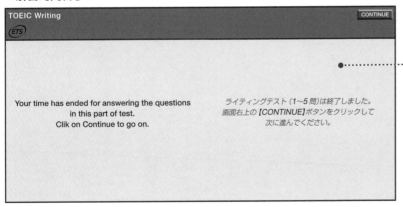

8 分間の解答時間が終了すると、この画面が表示されます。

採点ポイント

Writing Test Questions 1-5 は以下の2点について採点されます。

- 文法の適切さ
- 写真と文の関連性

解答は以下の採点ポイントに基づいて0から3で評価されます。

採点スケール	採点ポイント
3	以下の特徴を持つ1文で構成されている • 文法的誤りがない • 与えられた2つの語（句）を適切に使っている • 写真と関連する内容が記述されている
2	以下の特徴を持つ1文もしくは複数以上の文で構成されている • 文の理解を妨げない程度の文法的誤りが1箇所以上ある • 与えられた2つの語（句）を使っている。ただし、1つの文中でなかったり、語形が正確でない • 写真と関連する内容が記述されている
1	以下の特徴のいずれかを示している • 文の理解を妨げる誤りがある • 与えられた2つの語（句）の片方、もしくは両方とも使っていない • 写真と記述内容の関連性がない
0	無解答。英語以外の言語で書かれている。英文で使われることのない記号が使用されている

＊解答は各採点スケールの採点ポイントに基づいて評価されますが、ポイントのすべてを網羅していなければならないというわけではなく、総合的に評価されます。

解答のプロセス

この問題形式の解答の流れは以下の通りです。
次ページからこの流れに沿って詳しく学習します。

1 Directions を注意深く読む

課題内容を的確に理解します。

2 写真と、提示された2つの語句をよく確認する

写真の状況を把握し、提示された2つの語句を確認します。

3 文を考えて書く

提示された2つの語句を使って、どのような1文を書くか考えて、書きます。

4 解答時間内に見直す

解答が文法的に正しく、かつ写真に基づいた1文になっているか確認します。

2 〜 4 を繰り返して、Questions 1-5 を解答します。
解答時間内であれば行き来して見直し、修正することができます。

> ＊解答プロセスの詳しい説明には **Unit 1 Writing Test Question 4**（p.41）を使用します。

1 Directions を注意深く読む

Directions: In this part of the test, you will write ONE sentence that is based on a picture. With each picture, you will be given TWO words or phrases that you must use in your sentence. You can change the forms of the words and you can use the words in any order. Your sentences will be scored on

- the appropriate use of grammar and
- the relevance of the sentence to the picture.

> この問題形式について

In this part, you can move to the next question by clicking on **Next**. If you want to return to a previous question, click on **Back**. You will have 8 minutes to complete this part of the test.

2 写真と、提示された2つの語句をよく確認する

Directions: Write ONE sentence based on the picture. Use the TWO words or phrases under the picture. You may change the forms of the words and you may use them in any order.

＊カラー写真は p.iii にあります。

wait / because

> 提示された2つの語句

3 文を考えて書く

解答例

People are waiting at the airport because their connecting flight has been canceled.

＊解答例はすべての採点ポイントに合致し、最も高い採点スケールに評価されるものです。
詳しくはp.146 をご覧ください。

Directions

Questions 1-5 で行うこと (写真に基づいた文を書く) や、評価基準、解答時間などを確認します。
解答時間内であれば次の設問へ進んだり、前に戻って解答を変更することができます。

写真と語句の提示

Directionsでこの設問で行うことを確認します。
設問ごとに写真の上に毎回表示されます。

- 写真に基づいた1文を書く
- その文の中で写真の下にある2つの語句を使う
- 単語の形や使う順序を変えてもよい

写真に写っている内容や状況と、写真の下にある語句を確認します。

この設問では、空港のようなところで、人々が列を作って手続きを待っている様子が写っています。チェックインカウンターやセキュリティチェック、駅など、写真に基づいていれば場所や状況は推測でかまいません。
写真の下にはwaitとbecauseという語句が提示されています。

書く

提示された語句を使い、写真に基づいてどのような1文を書くかを考えます。以下の点に注意しましょう。

- 提示された2つの語句がひとつの文に含まれ、適切な形で使われていること。
- 文法的に正しい1文であること。
- 写真に基づいた文であること。
    写真にあるものの描写 (全体でも一部でもよい)
    写真から推測できることの描写　など

提示された語句を使って、表現できる内容を考えます。

＜この設問で考えられる例＞
- 搭乗手続きのために並んでいる
- 乗継便が変更になったため手続きをしようと待っている
- 荷物を預けるために待っている
- 非常に混雑しているので並んでいる

> ✔ 文を書き始める前に少しの間、どんな文を書くか考えます。よりよい1文ができるでしょう。見直す時間を含め、平均すると1問につき約90秒使うことができます。

提示された語句がさまざまな品詞で使える場合、どの品詞としても使うことができます。
例　The people had to wait because the airport was very crowded. 　　　（waitを動詞として）
　　There was a long wait because so many people wanted to check in. （waitを名詞として）

同様の意味を表すと考えられる場合でも、提示された語句を別の語に言い換えることはできません。
例　becauseとsinceの言い換え
　　✘ The people are waiting since their flight is late. 　＊この設問ではbecauseを使うことが求められています。

訳　**ディレクション：** この問題では、写真に基づく1つの文を作成します。各写真について、文中に使わなければならない2つの単語または句(熟語)が提示されます。単語の形は変えてかまいません。また、これらの単語はどのような順番で使ってもかまいません。作成した解答は、以下に基づいて採点されます。

- 文法の適切さ
- 写真と文の関連性

Questions 1-5 においては、画面上の「Next」をクリックして次の問題に進むことができます。前の問題に戻りたいときは、「Back」をクリックしてください。解答時間は5問で8分間です。

ディレクション： 写真に基づいた1文を書きなさい。写真の下にある2つの単語または句(熟語)を使うこと。単語の形は変えてかまいません。また、これらの語はどのような順番で使ってもかまいません。

解答例　人々は乗継便が欠航になったため、空港で待っています。

4 解答時間内に見直す ···

■ 提示された２つの語句を含む１文になっているか

■ 写真に基づいた文になっているか

■ 文法的に正しい文になっているか
- 動詞の形は主語に合っているか
- 語形を変化させている場合、その形は文に合っているか
- 代名詞を使っている場合、適切な代名詞を使っているか
  （単数形・複数形・不可算名詞など）
- つづりや句読点、大文字や小文字の使い方は正しいか　など

> 写真に基づいた内容を表し、提示された２つの語句を適切に使っていれば、シンプルな１文や、andでつながれた１文でも最も高い採点スケールを取ることができます。複雑な文や長い文を書いても特に評価が上がることはありません。

> 写真に基づいていれば、男性か女性、子どもか大人など、見えた通りに書いて問題ありません。

> ⚠ 見直そう
>
> Unit 1 Writing Test Questions 1-5（p.37-42）で書いた解答を見直しましょう。
> 上記の見直しのポイントや、採点ポイントを確認しながら改善点を考え、修正します。

解答例の詳しい解説

＊カラー写真は **p. iii** にあります。

People are **waiting** at the airport **because** their connecting flight has been canceled.

🈁 人々は乗継便が欠航になったため、空港で待っています。

- 提示された2つの語**wait**と**because**を使った1文になっています。waitを適切な形**waiting**に変化させています。
- 主語は**People**「複数の人々」で、主語に合ったbe動詞**are**を使っています。
- 写真の中で人々がなぜ列に並んで待っているのか正確には判断できませんが、「乗継便が欠航になった」というありえそうな理由を、**because**を使って示しています。このように、写真に基づいた文であれば、推測であってもかまいません。
- 動詞の時制を正しく使い分け、「人々が待っている」という現在の状況を**are waiting**で表し、「乗継便が欠航になった」という完了した動作を**has been canceled**で表しています。
- **because**は、2つの節を適切につないでいます。

この設問で使えるその他の表現例

- People are **waiting** in line **because** they need to check in for their flights.

  人々は、搭乗手続きをする必要があるので、列に並んで待っています。

- Many people are **waiting because** they have flight tickets to be checked.

  確認されるべき搭乗券を持っているので、多くの人が待っています。

- Passengers are **waiting** at the airport **because** of a system error.

  システムエラーのせいで、乗客たちは空港で待っています。

- A woman is **waiting** at the airport counter **because** she wants to check her luggage.

  女性は、荷物を預けたいので空港のカウンターで待っています。

- Many people had to **wait because** the airport was so crowded.

  空港は非常に混雑していたので、多くの人が待たなければなりませんでした。

- **Because** some flights were rescheduled, people were **waiting** for a while at the airport.

  一部の飛行機の便の予定が変更になったので、人々は空港でしばらく待っていました。

◆ 解答を書くときの注意点 ◆

- Directionsに示された条件で文を書く

  提示された2つの語句を含む1文を考えます。2文以上書いても、提示された2つの語句が含まれる文のみ採点の対象となります。2つの語句が2文に分かれている場合、最も高い採点スケールに評価されることはありません。

- 提示された2つの語句を必ず両方使う

  「語句の形を変えてもよい」とは、動詞の時制を変えたり、名詞の単数形を複数形に変えたりすることで、同様の意味を表す他の語句に変更することではありません。

◆ 時間配分 ◆

- 5問で8分間の解答時間なので、1問あたり90秒で文を完成させること（見直しも含む）を目指すとよいでしょう。

◆ 練習方法 ◆

- まずは条件を満たす文を書くことに集中するとよいでしょう。慣れてきたら、解答時間制限など実際のテストに近い条件で練習するとよいでしょう。

- パソコンのキーボードを使って練習するとよいでしょう。

(!) 再挑戦しよう

Unit 1 Writing Test Questions 1-5（p.37-42）に再挑戦しましょう。
解答例や表現例を活用して表現の幅を広げましょう。

練習 1

＊ Questions 1-5 の写真は **p. viii-x** にもあります。

Directions: In this part of the test, you will write ONE sentence that is based on a picture. With each picture, you will be given TWO words or phrases that you must use in your sentence. You can change the forms of the words and you can use the words in any order. Your sentences will be scored on

- the appropriate use of grammar and
- the relevance of the sentence to the picture.

In this part, you can move to the next question by clicking on **Next**. If you want to return to a previous question, click on **Back**. You will have 8 minutes to complete this part of the test.

Question 1

Directions: Write ONE sentence based on the picture. Use the TWO words or phrases under the picture. You may change the forms of the words and you may use them in any order.

teacher / finish

 準備

① Directions を注意深く読む

② 写真と、提示された2つの語句をよく確認する
- 写真が表しているのはどのような場面や状況か
- 使うべき2つの語句は何か

 書く

③ 文を考えて書く
- 提示された語句を含む1文を考える
- 提示された語句を適切な形にして使う
- 正しい文法で、写真に基づいた文を書く

 見直す

④ 解答時間内に見直す
- 提示された2つの語句を含む1文になっているか
- 写真に基づいた文になっているか
- 文法的に正しい文になっているか

8分間で5問に解答します。1問につき90秒が目安です。

Question 2

Directions: Write ONE sentence based on the picture. Use the TWO words or phrases under the picture. You may change the forms of the words and you may use them in any order.

boat / water

Question 3

Directions: Write ONE sentence based on the picture. Use the TWO words or phrases under the picture. You may change the forms of the words and you may use them in any order.

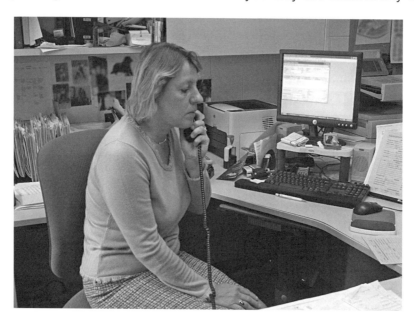

on / telephone

Question 4

Directions: Write ONE sentence based on the picture. Use the TWO words or phrases under the picture. You may change the forms of the words and you may use them in any order.

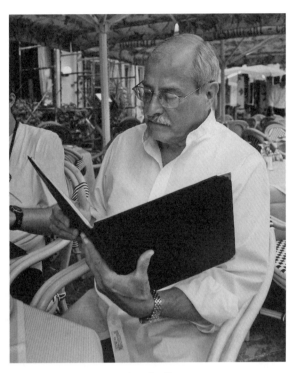

order / after

Question 5

Directions: Write ONE sentence based on the picture. Use the TWO words or phrases under the picture. You may change the forms of the words and you may use them in any order.

when / passenger

＊ Questions 1-5 のカラー写真は **p. x - xii** にあります。

Directions: In this part of the test, you will write ONE sentence that is based on a picture. With each picture, you will be given TWO words or phrases that you must use in your sentence. You can change the forms of the words and you can use the words in any order. Your sentences will be scored on

- the appropriate use of grammar and
- the relevance of the sentence to the picture.

In this part, you can move to the next question by clicking on **Next**. If you want to return to a previous question, click on **Back**. You will have 8 minutes to complete this part of the test.

Question 1

Directions: Write ONE sentence based on the picture. Use the TWO words or phrases under the picture. You may change the forms of the words and you may use them in any order.

lamp / on

準備

> 1 **Directions を注意深く読む**
>
> 2 **写真と、提示された2つの語句をよく確認する**
>
> - 写真が表しているのはどのような場面や状況か　　・使うべき2つの語句は何か

書く

> 3 **文を考えて書く**
>
> - 提示された語句を含む1文を考える
> - 提示された語句を適切な形にして使う
> - 正しい文法で、写真に基づいた文を書く

見直す

> 4 **解答時間内に見直す**
>
> - 提示された2つの語句を含む1文になっているか
> - 写真に基づいた文になっているか
> - 文法的に正しい文になっているか

＊8分間で5問に解答します。1問につき90秒が目安です。

Question 2

Directions: Write ONE sentence based on the picture. Use the TWO words or phrases under the picture. You may change the forms of the words and you may use them in any order.

sit / and

Question 3

Directions: Write ONE sentence based on the picture. Use the TWO words or phrases under the picture. You may change the forms of the words and you may use them in any order.

several / woman

Question 4

Directions: Write ONE sentence based on the picture. Use the TWO words or phrases under the picture. You may change the forms of the words and you may use them in any order.

walk / while

Question 5

Directions: Write ONE sentence based on the picture. Use the TWO words or phrases under the picture. You may change the forms of the words and you may use them in any order.

table / after

練習 1　解答例と解説

（Directionsの訳はp.149を参照してください。）

Question 1

解答例	解答例・訳
The teacher finishes lecturing to her history class.	教師が歴史の授業での講義を終えています。

解説

teacherとfinish、両方の語句を1文の中で使い、会議室のような場所の前方にいる女性について、ありえそうな状況を表現しています。文法は適切に使われています。例えば、finishesの後ろに続けるのに正しい動詞の形lecturingを使っており、前置詞句のto her history classも適切な語順です。

Question 2

解答例	解答例・訳
There is water around the boat.	ボートの周りに水があります。

解説

boatとwater、両方の語句を1文の中で使い、水に浮かぶボートの写真にふさわしい文になっています。There is ～. を適切に使った、文法的にも正しい表現です。

Question 3

解答例	解答例・訳
The woman talked quietly on the telephone so as not to disturb her coworkers.	女性は同僚を邪魔しないように、電話で静かに話しました。

解説

写真を詳しく説明している解答です。onとtelephone、両方の語句を1文の中で使い、座って電話を使っている人物について状況を説明している文になっています。副詞のquietlyと付加的な表現so as not to disturb her coworkersを使って詳細な情報を付け加え、状況をより掘り下げて説明しています。正しい語順で文法も適切に使われています。

Question 4

解答例	解答例・訳
After he read all the menu options, the man decided to order the chef's special dish.	すべてのメニュー項目を読んだ後で、男性はシェフの特別料理を注文することに決めました。

解説

orderとafter、両方の語句を1文の中で使い、写真をもっともらしく描写しています。また、afterを使って、最初に起きたことを説明している節he read all the menu optionsと、それに続く主節the man decided to order the chef's special dishという2つの節を正しく結びつけています。また、2つの節のそれぞれの動詞の時制、after he readとthe man decidedも適切です。使われている語句menu、decide、special dishは、写真の状況に適しています。

Question 5

解答例	解答例・訳
When the train stops, the passengers on the platform will board the train.	列車が止まると、プラットホームにいる乗客が列車に乗るでしょう。

解説

whenとpassenger、両方の語句を1文の中で使い、写真についてもっともらしい状況を説明しています。whenを適切に使って、2つの節the train stopsとthe passengers on the platform will board the trainを結びつけています。2つの動詞stopsとwill boardの時制が、これから起こる出来事の順序を説明するのに正しく活用されています。

練習 2　解答例と解説

（Directionsの訳はp.149を参照してください。）

Question 1

解答例	解答例・訳
There are multiple lamps on each table in the library.	図書館のそれぞれのテーブルの上に複数のランプがあります。

解説

lampとon、両方の語句を1文の中で使い、図書館と推測できる写真の様子の一部を適切に描写した文です。形容詞のmultipleやeachなど単語を適切に選択していることで、解答がより説明的なものになっています。文法も正しく使われています。

Question 2

解答例	解答例・訳
Adults and children are sitting together in a public square.	大人と子どもが公共の広場で一緒に座っています。

解説

sitとand、両方の語句を1文の中で使い、都市部で屋外にいる人々を描写しています。副詞togetherの位置や、動詞are sittingなど、語順や文法が適切に使われています。

Question 3

解答例	解答例・訳
Several women are picking up their tickets for the show.	数人の女性がショーのチケットを受け取っているところです。

解説

severalとwoman、両方の語句を1文の中で使い、人々がショーのチケットを受け取っているという、もっともらしい説明をしています。単語や文法は適切に使われています。例えば、theirは、すでに述べられたseveral womenを指し、文法的に正しく使われています。

Question 4

解答例	解答例・訳
While several people are going in one direction, a businessman is walking the opposite way with a newspaper in his hand.	数人がひとつの方向に向かっている一方で、ひとりのビジネスマンが新聞を手に持って反対方向へ歩いています。

解説

この解答はやや長めです。walkとwhile、両方の語句を1文の中で使い、写真について詳しく描写しています。同時に起きている出来事を説明する2つの節を結びつけるために、接続詞whileを正しく使っています。また、the opposite wayやwith a newspaper in his handのように、詳細を伝える表現が使われています。

Question 5

解答例	解答例・訳
After the patrons finished their lunch at the restaurant, the waitress cleaned the table.	ひいき客たちがレストランで昼食を終えた後で、ウェイトレスはテーブルを片付けました。

解説

tableとafter、両方の語句を1文の中で使い、レストランの中でテーブルの近くに立っている女性をもっともらしく描写しています。接続詞afterは最初に起きた出来事を説明する節the patrons finished their lunch at the restaurantの冒頭に正しく置かれており、2つの節を結びつけています。the patrons finishedと、写真の時点ではすでにその行動が完了していたことを示す過去時制が適切に使われています。

— MEMO ————————————————————————————

Respond to a written request
Questions 6-7

Eメール作成問題

Questions 6-7 では、情報を提示したり要求するなど、日常的に使われるライティングの能力が測定されます。画面に提示されるEメールを読み、返信のEメールを作成します。課題に対応した返信を、わかりやすく書きましょう。

設問数 2問

解答時間 各問10分

Question 6
DirectionsとEメールを読み、返信を書く

* Question 7 に進むと、
Question 6 には戻れません。

Question 7
DirectionsとEメールを読み、返信を書く

高い採点スケールの解答は

① 課題内容に合った返信である。
② 与えられた指示や情報に基づき、はっきりと自分の考えを伝えられる文章を構成している。
③ 適切な接続語を使い、理路整然とした、まとまった文章である。
④ 返信先にふさわしい文体で書いている（例えば、会社宛てのメールは、友達同士のメールと同じ文体では書かない）。
⑤ 意味が明瞭である。文法的、語法的誤りが多少あっても、意味の理解を妨げていない。

今の力を発揮するには

• 課題の一部がわからない場合も、わかる課題については対応した内容で書きましょう。
• 解答時間内に見直して、できるだけ間違いを直しましょう。

テストでの画面の流れ

Writing Test Questions 6-7 は、以下のような流れで画面に表示されます。

≪Directions≫

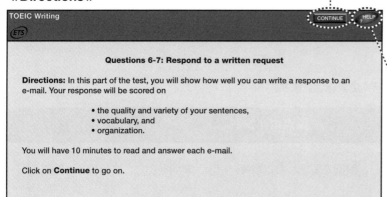

CONTINUE をクリックして次の画面に進み、Question 6 を開始します。

HELP をクリックすると、入力方法やスクロール方法などを確認できます。

≪Directions と E メールの提示、解答の入力≫

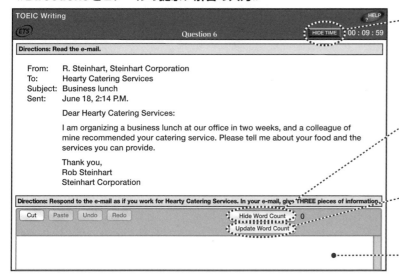

クリックすると HIDE TIME SHOW TIME が切り替わり、残り時間の表示/非表示を変更できます。

クリックすると Hide Word Count Show Word Count が切り替わり、入力した語数の表示/非表示を変更できます。

Update Word Count で、入力した語数を更新できます。

返信の E メールを入力するスペース

＊画面の設問は Unit 1 の Question 7 です。

≪解答時間終了≫

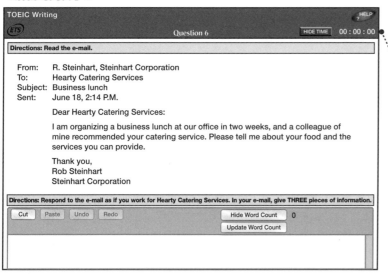

解答時間が終了すると、自動的に次の設問に進みます。

採点ポイント

Writing Test Questions 6-7 は以下の3点について採点されます。

- 文章の質と多様性
- 語彙・語句
- 構成

解答は以下の採点ポイントに基づいて0から4で評価されます。

採点スケール	採点ポイント
4	すべての課題を的確にこなし、設問で要求された情報、指示、質問を複数の文を使って明確に伝えている • 筋の通った文章にするために一貫した論理構成で文章を構築する、または、適切な接続語を使用する、のうち、片方または両方がなされている • 文体や言葉遣いが返信先にふさわしい • 文法や語法の誤りが2、3あるが、言いたいことがわからなくなるほどではない
3	解答内容はよくできているが、設問で要求された課題の1つが基準に達していない • 課題のうちの1つを抜かしたり、うまく答えていなかったり、解答が完結していない • 少なくとも部分的には論理的な文章構成を試みたり、接続語も適切に使用している • 返信する相手のことが一応念頭にある • 文法や語法に目立った誤りが見られる。誤りがあるために言いたいことがわからなくなる1文がある
2	いくつか不十分な点がある • 1つの課題にしか答えていないか、2つまたは3つの課題に対応しているものの、いずれの課題も不十分もしくは完結していない解答である • 考えがうまく関連付けられていない、もしくは関連が明確でない • 返信する相手のことをほとんど意識して書いていない • 文法や語法に誤りがあるため、言いたいことがわからなくなる文が2文以上ある
1	重大な問題があり、設問で要求された情報、指示、質問をほとんど、もしくは全く伝えていない • 設問と関連のある内容を少し含むものの、課題を1つもこなしていない • 考えがうまく関連付けられていない、もしくは関連が明確でない • 文体や言葉遣いが返信する相手に適切でない • 文法や語法の誤りが頻繁にあり、ほとんどの場合、言いたいことが理解できない
0	設問に出てくる言葉をそのまま写している。テーマを無視している、あるいはテーマと関連していない解答である。英語以外の言語で書いている。意味のない記号を使用している、または、無解答

*解答は各採点スケールの採点ポイントに基づいて評価されますが、ポイントのすべてを網羅していなければならないというわけではなく、総合的に評価されます。

解答のプロセス

この問題形式の解答の流れは以下の通りです。
次ページからこの流れに沿って詳しく学習します。

1 Directionsを注意深く読む

課題内容を的確に理解します。

2 Eメールを読み、返信する内容を考える

Eメールから、課題に対応する返信を書くために必要な情報 (立場や状況) を読み取ります。
課題に対応する内容 (質問や依頼、問題点の提示など) を考えます。

3 返信の構成を考え、書く

わかりやすい返信にするための構成を考え、2 で考えた内容で返信を書きます。

4 解答時間内に見直す

作成した返信を見直し、必要があれば修正や変更を加えます。課題のすべてに対応しているか、採点ポイントに沿って確認するとよいでしょう。

> *解答プロセスの詳しい説明には **Unit 1 Writing Test Question 7** (p.45) を使用します。

Directions: In this part of the test, you will show how well you can write a response to an e-mail. Your response will be scored on

- the quality and variety of your sentences,
- vocabulary, and
- organization.

> この問題形式
> について

You will have 10 minutes to read and answer each e-mail.

[2] **Eメールを読み、返信する内容を考える** ┄┄┄┄┄┄┄┄┄┄┄┄┄┄

Directions: Read the e-mail.

From: R. Steinhart, Steinhart Corporation
To: Hearty Catering Services
Subject: Business lunch
Sent: June 18, 2:14 P.M.

(1) ヘッダー

Dear Hearty Catering Services:

I am organizing a business lunch at our office in two weeks, and a colleague of mine recommended your catering service. Please tell me about your food and the services you can provide.

(2) メール本文

Thank you,

Rob Steinhart
Steinhart Corporation

Directions: Respond to the e-mail as if you work for Hearty Catering Services. In your e-mail, give THREE pieces of information.

> この設問での
> 課題

 ディレクション：この問題では、Eメールに対していかにうまく返信が書けるかが問われます。作成した解答は、以下に基づいて採点されます。

- 文章の質と多様性
- 語彙・語句
- 構成

解答時間は各Eメールに対して10分間です。

ディレクション：メールを読みなさい。

差出人： R. Steinhart, Steinhart Corporation
宛先： Hearty Catering Services
件名： ビジネスランチ
送信日時：6月18日 午後2:14

Directions
Questions 6-7 で行うこと（Eメールの返信を書く）や、評価基準、解答時間などを確認します。

Eメールを読み、返信内容を考える
Directions に従い、Eメールを読み内容を理解します。

(1) **ヘッダー**　　　Eメールの基本的な情報が含まれます。以下を確認します。
　　　From:　　　差出人（誰から）
　　　To:　　　　宛先（誰に宛て）
　　　Subject:　　件名（どのような内容、話題）
　　　Sent:　　　送信日時（いつ送ったのか）
差出人（＝メールの返信先）がわかれば、それにふさわしい文体や言葉遣いで書くことができます。メールの署名も利用して確認しましょう。この設問では、Steinhart Corporation という企業の R. Steinhart さんが返信先になります。

(2) **メール本文**　　　どのような状況なのかを読み取ります。
- 2週間後に、ビジネスランチ（仕事の打ち合わせを兼ねた昼食会）を企画している
- 同僚に Hearty Catering Services を薦められた
- 貴社の料理とサービスについて教えてほしい

Directions で、この設問での課題を確認します。
この設問の場合は、次の2点をしっかり把握します。すべての課題に的確に対応することが大切です。
- この Eメールを受け取った Hearty Catering Services のスタッフのつもりで返信を書く
- 情報を3つ書く

> ✔ 1分ほど時間をかけて、Directions とメールの内容をきちんと読み取りましょう。
> ▶ メールで説明されている状況を理解したか。　　▶ 返信に含むべき内容は何か。

> ✔ 課題の Directions を先に読んでから、Eメールを読んでもよいでしょう。
> 課題を理解した上で、必要な情報を考えながら Eメールを読むことができます。

この設問では、Eメールの中に「御社の料理と提供できるサービスについて教えてほしい」とあり、課題は、「Hearty Catering Services のスタッフのつもりで、情報を3つ書くこと」です。
ケータリングサービスの会社が提供するようなサービスの内容を考えます。
＜情報の例＞　　•料理のコースや種類　　•配膳の方法や担当者の派遣　　•予約内容の変更　　など

> ✔ 1分ほど時間をかけて、書く内容を考えます。自分の英語力の範囲で表現できる問題点や依頼内容を考えましょう。
> ▶ 考えた内容は、すべての課題を満たすか。　　▶ 論理的な順序で説明できるか。

> ✔ 書き始める前に内容を整理して、論理的に説明しましょう。課題の一部が理解できなくても、わかる部分については書きましょう。

Hearty Catering Services 御中

私は2週間後に弊社のオフィスでビジネスランチを企画しており、私の同僚のひとりが御社のケータリングサービスを薦めてくれました。御社の料理と提供できるサービスについて教えてください。

よろしくお願いいたします。
Rob Steinhart
Steinhart Corporation

ディレクション：Hearty Catering Services に勤めているつもりで、このEメールに返信しなさい。メールの中では、情報を3つ書くこと。

167

解答例

Dear Mr. Steinhart, } (1) 宛名

Thank you for contacting us regarding your catering needs. We would be happy to provide our services for your upcoming luncheon.　　(2) 書き出し・導入

For the meal, we can provide either buffet-style or sit-down service. The main course can consist of either sandwiches or hot foods, and we have a full selection of beverages and delicious desserts to complete the meal of your choice. Once you let me know if you would prefer sandwiches or hot foods, I can send you the appropriate seasonal menu. Also, if any of your guests have allergies or dietary restrictions, I can be sure to highlight appropriate menu items for you.

In addition to food, we also can supply the serving staff for your event and decorations for tables and the rest of the room.　　(3) 本文

We look forward to serving you and your guests for all your business catering needs.

Jennifer
Manager
Hearty Catering Services　　(4) 結び

＊解答例はすべての採点ポイントに合致し、最も高い採点スケールに評価されるものです。
詳しくはp.164をご覧ください。

訳 Steinhart様

ケータリングのご要望について弊社にご連絡いただき、ありがとうございました。もうすぐ行われる貴社の昼食会のために、喜んでサービスをご提供いたします。

食事については、ビュッフェ・スタイルもしくは着席サービスのいずれでもご提供できます。メイン料理はサンドイッチか温かいお料理のいずれかになり、お選びいただいたお料理を仕上げる飲み物やおいしいデザートを豊富にご用意しております。サンドイッチか温かいお料理のどちらをご希望かご連絡いただければ、ふさわしい季節のメニューをお送りすることができます。また、ゲストのどなたかにアレルギーや食事制限がありましたら、適切なメニュー品目を目立たせることをお約束できます。

お料理に加えて、貴社のイベントのために、給仕スタッフや、テーブルと部屋のその他の部分の飾り付けをご提供することもできます。

仕事上でのあらゆるケータリングのご要望について、貴社とゲストの方々のお役に立てるのを楽しみにしております。

Jennifer
支配人
Hearty Catering Services

(1) 宛名

Eメールの差出人を宛先に、返信を構成します。
この設問での返信の宛先は、Eメールの差出人であるMr. Steinhartになります。

差出人はさまざまで、返信が個人宛になるとは限りません。
宛先にする個人名や担当者名がわからない場合は
　　　　To Whom It May Concern:　　（ご担当者様、関係各位）
などを使います。

(2) 書き出し・導入

Eメールをもらったことに対するお礼や、返信の目的などを書きます。

この設問では、ケータリング会社の担当者が、「料理とサービスについて知りたい」という問い合わせのメールに返信する場合、どのような書き出しにすればよいか、ということを考えましょう。

> ✅ 返信のEメールの導入部分で、このメールの趣旨を明確かつ簡潔に表現すると、わかりやすい文章になるでしょう。

(3) 本文

2 で考えた内容を基に、すべての課題に対応する文章を論理的な構成で書きます。

> ✅ 課題に対応する内容を書きます。返信メールの中で最も重要な部分です。

この設問では、料理についての情報、サービスについての情報を明確にして書きます。解答例では、料理に関する詳細を述べてから、給仕スタッフや飾り付けのサービスについて説明しています。

> ✅ 必要な種類や数の情報を含んでいれば、どの情報についての内容が多くてもかまいません。

(4) 結び

最後に、結びの言葉と署名を入れます。

結びの言葉は、宛先との関係を考えて、お礼や依頼の表現を入れます。
結びの言葉の後に、差出人の署名を入れましょう。ビジネスでは、名前の後に役職や会社名を入れます。
この解答例では、Hearty Catering Services宛のEメールに対して、支配人の立場で返信しています。

> ✅ 差出人は、受け取ったEメールの宛先だった人となりますが、宛先が不特定の場合は、自分の名前や架空の名前で署名を入れるとよいでしょう。

> 📖 相手を意識して、理解しやすい構成を考えましょう。

> 📖 ビジネスの場面でふさわしい文体や言葉遣いを使います。

> 📖 解答の長さに決まりはありませんが、最も高い採点スケールに評価される解答の多くは4文以上で構成されています。課題に対応し、相手にわかりやすい文章や構成となるよう心がけましょう。

> 📖 文と文のつながりも重要です。1文ごとのわかりやすさだけでなく、接続表現などを効果的に使い、一貫した構成になるようにまとめましょう。

4 解答時間内に見直す

■ すべての課題に的確に対応しているか

この設問では．

- Hearty Catering Servicesのスタッフのつもりで書く
- 情報を3つ書く

■ 相手に伝わるわかりやすい構成、文章か

- 一般的にEメールで使われるような構成で書いているか
- 状況に応じた適切な語彙・表現を使っているか
- 同じ文章の繰り返しになっていないか

■ 文法やつづりのミスはないか

- 時制、主語と動詞の一致、単数形・複数形など

> ✅ 10分の解答時間内に解答の全体を読み直し、できるだけ間違いを直しましょう。内容の理解に影響がなければ、文法や語法、つづり、句読点など多少の誤りがあっても最も高い採点スケールに評価されることは可能でしょう。

> ⚠️ **見直そう**
>
> **Unit 1 Writing Test Questions 6-7**(p.43-45)で書いた解答を見直しましょう。
> 上記の見直しのポイントや、採点ポイントを確認しながら改善点を考え、修正します。

その他の表現例

■ 宛名

● 個人宛てや、担当者名がわかっている場合

- Dear Mr. Smith, Dear Ms. Yoshida,　　　　　　　　　　　Smith様、吉田様

● 返信先の担当者名がわからない場合

- To Whom It May Concern:　　　　　　　　　　　　　ご担当者様、関係各位

- Dear Sir or Madam:　　　　　　　　　　　　　　関係者(ご担当者)様、拝啓

＊宛名の最後につけるコロン (:) の代わりに、カンマ (,) を使うこともあります。

■ 書き出し

- Thank you very much for your e-mail welcoming me to Dale City.
　　　　　　　　　Dale Cityに歓迎するメールを、どうもありがとうございます。

- I appreciate your e-mail. I do have some questions for you.
　　　　　　　　　あなたのメールに感謝します。いくつか質問があります。

- This is to inform you of changes in the meeting schedule.
　　　　　　　　　これは会議日程の変更をあなたにお知らせするためのものです。

- Regarding the project proposal, could you extend the deadline?
　　　　　　　　　企画案について、締め切りを延ばしていただけますか。

■ 依頼する

- Would it be possible for you to postpone the delivery date? 配達日を遅らせていただくことは可能ですか。

- I would appreciate it if you could send me a brochure.
　　　　　　　　　パンフレットを送っていただけるとありがたく思います。

- Would you consider having an interview with me?　　面接の機会を検討していただけますか。

- I would like you to write a reference for me.　　あなたに私の推薦状を書いていただきたいのですが。

- Can you tell me where the library is located?　　図書館がどこにあるか教えてもらえますか。

- Do you have a map of the city that you could send to me? 私に送っていただける市内地図はありますか。

■ 結び

- Thank you again for writing to me. I look forward to receiving information from you.
　　　　　　　　　あらためて、メールをありがとうございました。情報をお待ちしております。

- I hope to receive answers to my questions soon. Thank you.
　　　　　　　　　早めに私の質問への回答をいただけると幸いです。よろしくお願いします。

- Many thanks in advance,　　　　　　　　(前もって礼を言う状況で)よろしくお願いします。

- Best regards,　　　　　　　　　　　　　よろしくお願いします。

＊ **1** などの数字は何文目かを表しています。

1 Dear Mr. Steinhart,

2 Thank you for contacting us regarding your catering needs. **3** We would be happy to provide our services for your upcoming luncheon.

4 For the meal, we can provide either buffet-style or sit-down service. **5** The main course can consist of either sandwiches or hot foods, and we have a full selection of beverages and delicious desserts to complete the meal of your choice. **6** Once you let me know if you would prefer sandwiches or hot foods, I can send you the appropriate seasonal menu. **7** Also, if any of your guests have allergies or dietary restrictions, I can be sure to highlight appropriate menu items for you.

8 In addition to food, we also can supply the serving staff for your event and decorations for tables and the rest of the room.

9 We look forward to serving you and your guests for all your business catering needs.

10 Jennifer
11 Manager
12 Hearty Catering Services

訳 Steinhart 様

ケータリングのご要望について弊社にご連絡いただき、ありがとうございます。もうすぐ行われる貴社の昼食会のために、喜んでサービスをご提供いたします。

食事については、ビュッフェ・スタイルもしくは着席サービスのいずれでもご提供できます。メイン料理はサンドイッチか温かいお料理のいずれかになり、お選びいただいたお料理を仕上げる飲み物やおいしいデザートを豊富にご用意しております。サンドイッチか温かいお料理のどちらをご希望かご連絡いただければ、ふさわしい季節のメニューをお送りすることができます。また、ゲストのどなたかにアレルギーや食事制限がありましたら、適切なメニュー品目を目立たせることをお約束できます。

お料理に加えて、貴社のイベントのために、給仕スタッフや、テーブルと部屋のその他の部分の飾り付けをご提供することもできます。

仕事上でのあらゆるケータリングのご要望について、貴社とゲストの方々のお役に立てるのを楽しみにしております。

Jennifer
支配人
Hearty Catering Services

宛名

1文目 受け取ったEメールの署名にはRob Steinhartとあり、差出人にあたります。よって、返信のEメールの宛名はDear Mr. Steinhart, とします。

書き出し・導入

2文目 まずEメールをもらったことに対するお礼を述べています。

3文目 We would be happy to provide our services for your upcoming luncheon. と、喜んでサービスを提供するというメッセージを伝えています。

本文 (課題)

4文目 1つめの情報です。For the meal, と、これから述べる内容を明確にしています。either 〜 or ... という表現を使って、料理の提供方法に選択肢が2つあることをわかりやすく伝えています。

5文目 2つめの情報です。メイン料理について選択肢と、そのほかのメニューについて説明し、さまざまな食べ物や飲み物を提供できることをアピールしています。

6文目 先に述べた2つの選択肢のうち、希望するほうを教えてもらえれば、より詳しい情報を伝えることができると述べています。Once you let me know ... を使い、わかりやすく文をつなげています。

7文目 3つめの情報です。Also を使って、アレルギーや食事制限がある人向けの料理に関する情報を追加しています。I can be sure to と積極的にできることを伝えています。

4-7文目 食べ物に関連する情報は、「食事の提供方法」というより大きな概念から、「メニュー」さらに「顧客のニーズに合わせたサービスの説明」と徐々に細かい内容へと移っています。

8文目 4つめの情報です。In addition to という表現を使って新しいパラグラフを始め、これまでの話題(提供方法や料理)に加えてほかの話題(サービス)も示しています。

*課題は情報を3つ示す、というものなので、情報が3つ以上あれば課題に適切に対応しているとみなされます。

結び

9文目 We look forward to serving you and your guests for ... と述べて、引き受けるという積極的な意思があることを丁寧に伝えています。

10-12文目 Hearty Catering Services宛てのEメールを受け取っています。
担当者や役職は不明なので、ここでは署名にJenniferと入れ、同社のManagerとしています。

🎀

- 「情報を3つ示す」という課題に的確に対応し、複数の文を使って明確に伝えています。この解答例では2つの段落にわたって、求められている情報を3つ以上示しており、それらの情報は文から文へと論理的に続けられています。

- Dear Mr. Steinhart や Thank you for contacting ... など、改まった表現が使われています。ひとりの男性からの依頼に対して企業側から返答する、という関係性にふさわしい表現になっています。

- We would be happy to ... や、I can be sure to ...、We look forward to serving you ... といった表現から、見込み顧客に対する企業代表者の丁寧かつ積極的な態度が感じられます。

- 解答の随所で、For the meal や、Once you let me know、Also や In addition to food など、文をつなぐ表現が適切に使われ、こうした語句によって文の関連性が明らかになり、一貫性のある内容になっています。

この設問で使えるその他の表現例

- You can choose any type of meal from Chinese or Japanese to French cuisine.

  中華料理や日本料理からフランス料理まで、どのような種類の食事でもお選びいただけます。

- We will create a custom course according to your budget.

  ご予算に応じて、お客様に合わせたコースをお作りします。

- Professionally trained staff members are available for any type of event.

  専門的な訓練を受けたスタッフが、どのような種類のイベントにも対応します。

- Prices vary depending on the menu. For details, please refer to our website.

  料金はメニューによって変動します。詳細は弊社のウェブサイトをご参照ください。

- Cancellations must be made 5 days in advance of the event.

  キャンセルはイベントの5日前までにされなければなりません。

- If you have any special requests, please call us.　もし特別なご依頼事がありましたら、弊社までお電話ください。

◆ 解答を書くときの注意点 ◆

- 課題に対応していなければ、長い文章を論理的に書いていても低い評価となります。

- 適切な構成や文章を使って課題に対応していれば、短い文章でも最も高い採点スケールに評価される可能性はあります。

- 課題の一部がわからなくても、わかるところは書きましょう。
  最も高い採点スケールに評価されることは難しくても、最も低い採点スケールは避けられる可能性があります。

◆ 受験の準備 ◆

- 一般的なEメールの書き方（構成）を知っておきましょう。

◆ 練習方法 ◆

- パソコンのキーボードを使い、解答時間を計って練習することも大切です。

⚠ 再挑戦しよう

Unit 1 Writing Test Questions 6-7（p.43-45）に再挑戦しましょう。
解答例や表現例を活用して表現の幅を広げましょう。

MEMO

Directions: In this part of the test, you will show how well you can write a response to an e-mail. Your response will be scored on

- the quality and variety of your sentences,
- vocabulary, and
- organization.

You will have 10 minutes to read and answer each e-mail.

Question 6
Directions: Read the e-mail.

From: J. Mason
To: F. Carvajal
Subject: Problem during your stay
Sent: February 16, 3:17 P.M.

Dear Mr. F. Carvajal,

We understand that you experienced some problems during your recent stay at Summit Hotel. We regret any inconvenience to you and would like to make sure that these problems don't happen again. Could you please describe the problems that you experienced?

John Mason
Manager, Summit Hotel

Directions: Respond to the e-mail. In your e-mail, describe TWO problems you had during your hotel stay and make ONE suggestion.

 準備

1 **Directions を注意深く読む**

2 **E メールを読み、返信する内容を考える**
- 誰が、誰に、どのような状況で E メールを送ったのか
- 返信に含む課題内容は何か
  ▶ Summit Hotel に滞在した F. Carvajal の立場で、問題を 2 つ提示し提案をひとつ行います。

 書く

3 **返信の構成を考え、書く** 例 ・宛名　・書き出し、導入　・本文　・結び　・署名

見直す

4 **解答時間内に見直す**
- すべての課題に的確に対応しているか
- 相手に伝わるわかりやすい構成、文章か
- 文法やつづりのミスはないか

176

Question 7
Directions: Read the e-mail.

From: J. Rice
To: H. Garner
Subject: Computer problems
Sent: March 17, 8:30 A.M.

Hello Mr. Garner,

I am still unable to use my computer. I have not been able to get any help from the technical help group. As a manager, would you be able to get me help more quickly?

Thank you,

James Rice

Directions: Respond to the e-mail as if you are Mr. Rice's manager. In your e-mail, describe ONE thing you are doing to help and ask TWO questions.

準備

1 Directionsを注意深く読む
2 Eメールを読み、返信する内容を考える
 ● 誰が、誰に、どのような状況でEメールを送ったのか
 ● 返信に含む課題内容は何か
  ▶ James Riceの上司である部長のH. Garnerの立場で、手伝うために行うことを
    ひとつと質問を2つ書きます。

書く

3 返信の構成を考え、書く   例 ●宛名   ●書き出し、導入   ●本文   ●結び   ●署名

見直す

4 解答時間内に見直す
 ● すべての課題に的確に対応しているか
 ● 相手に伝わるわかりやすい構成、文章か
 ● 文法やつづりのミスはないか

177

練習 2

Directions: In this part of the test, you will show how well you can write a response to an e-mail. Your response will be scored on

- the quality and variety of your sentences,
- vocabulary, and
- organization.

You will have 10 minutes to read and answer each e-mail.

Question 6

Directions: Read the e-mail.

From: GResner@lakechar.com
To: Apartment residents
Subject: Parking area
Sent: March 27, 4:00 P.M.

Dear residents:

Our parking area will be closed for repairs beginning this Friday, April 4. Residents may use the parking garage on Main Street, but a permit is required. If you have any questions, please feel free to e-mail me.

Sincerely,

Gavin Resner
Manager
Lake Charlton Apartments

Directions: Respond to the e-mail. In your e-mail, ask THREE questions.

準備

1 Directionsを注意深く読む

2 Eメールを読み、返信する内容を考える

- 誰が、誰に、どのような状況でEメールを送ったのか
- 返信に含む課題内容は何か
  - ▶Lake Charlton Apartmentsの入居者の立場で、質問を3つ書きます。

書く

3 返信の構成を考え、書く　例　•宛名　•書き出し、導入　•本文　•結び　•署名

見直す

4 解答時間内に見直す

- すべての課題に的確に対応しているか
- 相手に伝わるわかりやすい構成、文章か
- 文法やつづりのミスはないか

Question 7
Directions: Read the e-mail.

From: Pchen@edsoinc.com
To: HRoffice@edsoinc.com
Subject: Help transferring to new location
Sent: June 22, 6:47 P.M.

Dear Human Resources:

I am transferring to our company's new San Francisco office. I heard that the company helps employees when they move to a new area of the country. Could you please give me more details about what assistance the company provides for the move?

Peter Chen

Directions: Respond to the e-mail as if you work in the human resources department. In your e-mail, give THREE pieces of information.

準備
  ① Directions を注意深く読む
  ② Eメールを読み、返信する内容を考える
     ● 誰が、誰に、どのような状況でEメールを送ったのか
     ● 返信に含む課題内容は何か
        ▶ Peter Chen が勤める会社の人事部のスタッフの立場で、情報を3つ書きます。

書く
  ③ 返信の構成を考え、書く 例 ●宛名 ●書き出し、導入 ●本文 ●結び ●署名

見直す
  ④ 解答時間内に見直す
     ● すべての課題に的確に対応しているか
     ● 相手に伝わるわかりやすい構成、文章か
     ● 文法やつづりのミスはないか

Question 6

Directions／Eメール・訳 (この問題形式についてのDirectionsの訳はp.166を参照してください。)

Directions: メールを読みなさい。

差出人： J. Mason
宛先： F. Carvajal
件名： 滞在中の問題
送信日時：2月16日　午後3:17

F. Carvajal様

Summit Hotelでの先日のご滞在中に、お客様がいくつかの問題に直面していたことを存じております。お客様にご不便をおかけして申し訳ありません。このような問題が二度と起こらないようにしたいと思います。お客様が直面された問題を詳しく説明していただけないでしょうか。

John Mason
Summit Hotel 支配人

Directions: 返信するメールを書きなさい。メールの中では、ホテル滞在中に生じた問題を2つと、提案を1つ書くこと。

解答例	解答例・訳
Dear Mr. Mason, I appreciate you taking the time to gather further information about my stay at Summit Hotel. Last week I was staying at your hotel for a business conference. To begin with, I called the front desk the first night of my stay and asked for a wake-up call at 5:30 A.M. However, that call never came, and I was late to my very first conference session. I requested another wake-up call the following morning, and again the call did not come. I ended up purchasing an alarm clock from the gift shop. Then, after a long day, I decided to have dinner delivered to my room from the hotel restaurant. I waited over an hour, but my food did not arrive. Finally, I called the front desk to inquire about my order, and I was informed that my food had been delivered to the wrong room. I suggest that you provide additional training to your service staff. Some tasks are just too important to the proper functioning of a hotel for them to get wrong. They need to know how to properly communicate with other members of the hotel staff to make sure that requests like wake-up calls and food orders do not fall through the cracks. Sincerely, F. Carvajal	Mason様 Summit Hotelでの私の滞在について、詳しい情報を集めるためにお時間を割いていただきありがとうございます。 先週、私はビジネス会議のため、そちらのホテルに滞在していました。まず、宿泊初日の夜にフロントへ電話して、午前5時30分にモーニングコールを頼みました。しかし、その電話が来ることはなく、私は最初の会議の集まりに遅刻しました。翌朝のためにもう1度モーニングコールを頼みましたが、またしても電話はありませんでした。結局、土産物店で目覚まし時計を購入しました。それから、長い1日の後で、夕食をホテルのレストランから部屋に運んでもらうことにしました。1時間以上待ちましたが、食事は届きませんでした。最終的に、私は注文について問い合わせるためフロントへ電話をかけ、食事が間違った部屋に運ばれたことを告げられました。 サービススタッフに追加研修を行うことを提案いたします。ホテルが適切に機能するために、彼らが間違えてはならない重要な仕事もあります。モーニングコールや食事の注文といった要望が無視されないことを確実にするため、彼らはホテルのほかのスタッフと適切に連絡を取る方法を知っておくべきです。 敬具 F. Carvajal

解説

- ホテル滞在中に起きた2つの問題として、ホテル側がモーニングコールをしなかったことと、食事が間違った部屋に運ばれていたことを説明し、それらの問題に対してI suggest that you provide additional training to your service staff. と提案することで、課題を満たしています。

- 冒頭の2つの文I appreciate you taking the time to gather further information about my stay at Summit Hotel. とLast week I was staying at your hotel for a business conference. で、受け取ったEメールで説明されている状況を確認しています。

- その後、ひとつめの問題と2つめの問題を続けて説明しています。複数の文で詳細な情報を添え、うまくいかなかったことを伝えています。

- 最後のパラグラフで、提案が行われており、ここでも提案の内容を説明する詳細な情報が付け加えられています。

- 使われている語彙の大半は易しめのものですがテーマに即しており、あまり一般的でない構造であるand again the call did not come や、慣用的な表現fall through the cracksなどを使って、英語に精通していることも示しています。

- I was late to my very first conference session、again the call did not come、after a long day、I waited over an hourなど、ホテルのサービスによって生じた不満をはっきりと伝えていますが、同時にI appreciate you taking the time ...、I suggest that ...と礼儀正しい調子も保っています。ホテルの支配人にメールを書いている失望した客という立場において、この文体は適切なものです。

Question 7

Directions／Eメール・訳

Directions: メールを読みなさい。

差出人： J. Rice
宛先： H. Garner
件名： コンピューターの問題
送信日時：3月17日　午前8:30

Garner様、こんにちは

まだ私のコンピューターが使えません。技術サポート部からは何も手伝ってもらえていません。部長として、もっと迅速に手伝ってもらえるようにしていただけますか。

よろしくお願いします。
James Rice

Directions: Riceさんの部長の立場で返信するメールを書きなさい。メールの中では、手伝うためにすることを1つと、質問を2つ書くこと。

解答例	解答例・訳
Hello James, As a manager, the only thing I can do to help is to put in a personal phone call to the person in the technical help group who has been assigned to assist you. I will certainly do that for you. I'm really sorry to hear you've continued to experience these problems without getting help. Before I call, I need some additional information from you. What, if any, are the troubleshooting steps you've taken to remedy the problem on your own? Also, when exactly did the problems start? Regards, Hui Garner	こんにちは、James 部長として、手伝うために私ができる唯一のことは、君を補佐するために指名された技術サポート部の職員に直接電話をかけることです。君のために必ずそうしましょう。君が手伝ってもらえずにこれらの問題を抱え続けていると聞いて、非常に残念です。電話をかける前に、君からの追加情報がいくつか必要です。もしあれば、自分で問題を改善するためにどんな解決方法をとりましたか。また、厳密にいつ問題が発生しましたか。 よろしくお願いします Hui Garner

解説

- 簡潔な解答ですが課題に適切に対応しています。the only thing I can do to help is to put in a personal phone call to the person in the technical help group who has been assigned to assist you. I will certainly do that for you.という箇所で、部長が手伝うために行うことを説明し、What, if any, are the trouble shooting steps you've taken to remedy the problem on your own?とwhen exactly did the problems start?で質問を2つしています。

- 構成に無理がありません。As a manager、Before I call,、Alsoなどを使って、解答の全体的な一貫性を高めています。

- 使われている一部の語彙や文法構造は、かなり形式ばっています。例えば、I will certainly do that、remedy the problemなど。しかし、I'mやyou'veといった短縮形やthe only thing I can do to helpのような表現、さらにI'm really sorry to hear ...という同情を示す表現を使っていることから、心がこもり、かつ、打ち解けた調子を出しています。職員にEメールを書いている部長という、設問で提示された関係性を考えると、これらは適切な表現と言えます。

Question 6

Directions／Eメール・訳 （この問題形式についてのDirectionsの訳はp.166を参照してください。）

Directions: メールを読みなさい。

差出人：　GResner@lakechar.com
宛先：　　アパートの入居者の皆様
件名：　　駐車場
送信日時：3月27日　午後4:00

入居者各位

アパートの駐車場は、今週の金曜日、4月4日より修繕のため閉鎖されます。入居者の方々はMain通りにある駐車場ビルをご利用いただけますが、許可証が必要です。何かご質問があれば、遠慮なく私までEメールをお送りください。

敬具

Gavin Resner
管理人
Lake Charlton Apartments

Directions: 返信するメールを書きなさい。メールの中では、質問を3つ書くこと。

解答例	解答例・訳
Dear Mr. Resner, Thank you for letting us know about the repairs to the parking area. Since the repairs are starting so soon, please answer the following questions as soon as possible: 1. How long do you anticipate it will take to complete the repairs? 2. Do we need to pay for the permit that is required for parking in the garage on Main Street? The residents of Lake Charlton Apartments already pay to use the building's parking area, and many of us will be displeased if we have to pay for an additional permit. 3. How and when do we obtain this permit? Please consider arranging a special time for residents to acquire the necessary permit. Using the Main Street parking area might seem like an easy change, but the permit process could be inconvenient. Your resident, Robert Jones, Apartment 331	Resner 様 駐車場の修繕について知らせていただきありがとうございます。修繕がかなりすぐに始まるので、できるだけ早く以下の質問にご回答ください。 1. 修繕が完了するのにどれくらいの期間がかかると見込んでいらっしゃいますか。 2. Main通りにある駐車場ビルに駐車するために必要とされる許可証には費用を支払う必要がありますか。Lake Charlton Apartmentsの入居者はすでにアパートの駐車場を利用するために支払っており、もし追加の許可証のために費用を支払わなければならないとしたら、私たちの多くは失望することでしょう。 3. 私たちはどのように、また、いつこの許可証を入手するのでしょうか。入居者が必要な許可証を入手するための特別な時間を設定することをご考慮ください。Main通りの駐車場を使うことは容易な変更のように思えるかもしれませんが、許可証の手続きは面倒になりかねません。 入居者 Robert Jones、部屋番号331

解説

- 3つの質問をするという課題に適切に対応しています。

- 最初に、受け取ったEメールに含まれていなかった、修理期間の情報を求めています。続いて、建物の管理人が言及している、必要な許可証について、費用と入手方法というより詳しい情報を求めています。

- 丁寧ですが直接的で、建物の管理人にEメールを書いているアパートの居住者としてふさわしい書き方です。

- Dear Mr. やThank you、pleaseを使うことで丁寧さを出す一方で、書き手が率直に情報を求める構文もあります。例えば、How and when do we obtain this permit?といった単刀直入な質問や、please answer the following questions as soon as possible、Please consider arranging a special time ... のように、要求をはっきりと述べています。

- 3つの質問に番号を振る書き方は、受け取ったEメールで示されている状況にも、解答で展開されている調子にもふさわしいものです。

- 豊富な語彙を使ってフォーマルで、かつ、明瞭な文章を書くことができています。

Question 7

Directions／Eメール・訳

Directions: メールを読みなさい。

差出人： Pchen@edsoinc.com
宛先： HRoffice@edsoinc.com
件名： 新しい場所への引っ越しの手伝い
送信日時： 6月22日 午後6:47

人事部の方へ

私は、当社の新しいサンフランシスコ事務所へ転勤する予定です。職員が国内の新しい場所に引っ越す際には、会社が職員を手伝ってくれると聞きました。引っ越しについて会社が提供してくれる補助について、より詳しい情報をいただけますか。

Peter Chen

Directions: 人事部で働いている立場で返信するメールを書きなさい。メールの中では、情報を3つ書くこと。

解答例	解答例・訳
Dear Mr. Chen, Congratulations on making the move to the new San Francisco office. You are correct that the company does help its employees when they move to a new area of the country. First, the company has a connection with a real estate agent in San Francisco who can help you locate a new place to live. She has helped many of our employees find houses or apartments suitable for their needs. In addition, the company will pay for the cost of a moving truck to ship your belongings to the new location. You will need to fill out a reimbursement request form and include the receipt. Finally, the human resources office in San Francisco has an employee who can help with all of your questions once you arrive. That person can help you register children at the local schools, explain the various public transportation options, etc. You will find this staff member to be of great assistance as you acclimate to living in a new city. Best of luck to you, and I hope the move goes smoothly. John, HR office	Chen様 新しいサンフランシスコ事務所への転勤、おめでとうございます。 職員が国内の新しい場所へ引っ越す際に、会社が職員を手伝うというのは間違いありません。まず、当社には、新しく住む場所を探すのを手伝える、サンフランシスコの不動産業者とつながりがあります。彼女は、当社の多くの職員が彼らの必要に適した家やアパートを見つけるのを手伝ってきました。 さらに、当社はあなたの荷物を新しい場所へ運ぶ引っ越しトラックの費用を負担します。精算依頼書に記入して、領収書を添えていただく必要があるでしょう。 最後に、サンフランシスコの人事部には、あなたが到着したときにすべての疑問に関して手助けできる職員がいます。その人物は、子どもを地元の学校に入れる手続きを手伝ったり、さまざまな公共交通手段について説明してくれたりします。新しい街に住むことに慣れるにつれて、この社員が非常に力になるとわかるでしょう。 幸運を祈ります。引っ越しが順調にいくといいですね。 ジョン 人事部

解説

- 受け取ったEメールでたずねられている、仕事で引っ越す職員にどんな支援が与えられるかという質問に対し、関連した複数の情報をうまく伝えています。

- 質問に対して、the company has a connection with a real estate agent in San Francisco who can help you locate a new place to liveと回答、さらに詳細な情報としてShe has helped many of our employees find houses or apartments suitable for their needs.が付け加えられています。

- 冒頭のCongratulations on making the move to the new San Francisco office.と最後のBest of luck to you, and I hope the move goes smoothly.で、お祝いの言葉が適切に述べられ、うまくまとまっています。

- 住居、引っ越しのトラック、手助けをしてくれる人事部の職員といったバラバラの話題が挙げられていますが、つなぎ言葉のFirst、In addition、Finallyを使って、ひとつの話題から別の話題に移ることをはっきりと示しています。

- 文法的にやや複雑な文や表現You are correct that ....、the company has a connection with a real estate agent in San Francisco who can ....、the human resources office in San Francisco has an employee who can ....、You will find this staff member to be of great assistance as ...なども使われています。

Write an opinion essay
Question 8

意見を記述する問題

Question 8 では、あるテーマに対して具体例や根拠を挙げて、自分の意見を裏付けたり発展させながら論理的にまとめ、一般的な書き言葉で文章を作成する力が測定されます。相手に理解してもらえるように、自分の意見をわかりやすく書きましょう。

設問数 1問

解答時間 30分

> **Question 8**
>
> 提示されるテーマについて、論拠を示しながら自分の意見を説明する

高い採点スケールの解答は

① 少なくとも300語以上書いている。
② はっきりと意見を述べている。
③ 理由か例のどちらか、または両方を使って意見を裏付けている。
④ 論理的な構成で、語彙や文法を正しく使って書いている。

今の力を発揮するには

- 300語に足りなくても、テーマに対してまず書ける語数で書きましょう。
- できる限りはっきりと理由や例とともに自分の意見を述べましょう。

テストでの画面の流れ

Writing Test Question 8 は、以下のような流れで画面に表示されます。

≪ Directions ≫

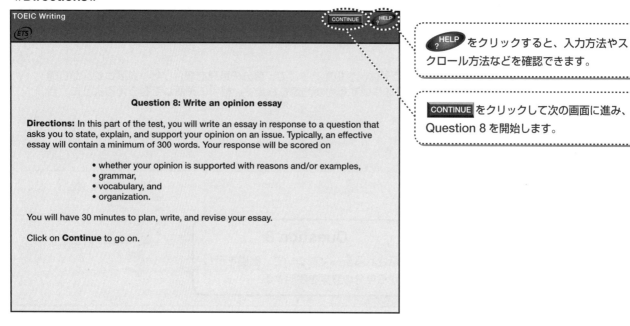

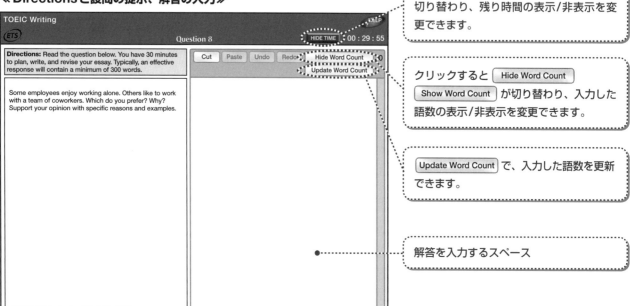

≪解答時間終了≫

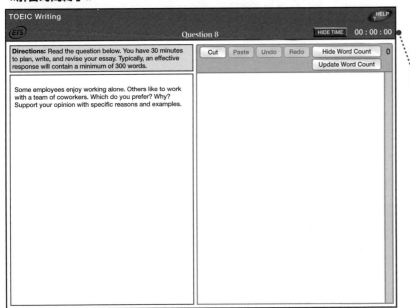

解答時間が終了すると、自動的に次の画面
に進みます。

≪Writing Test終了≫

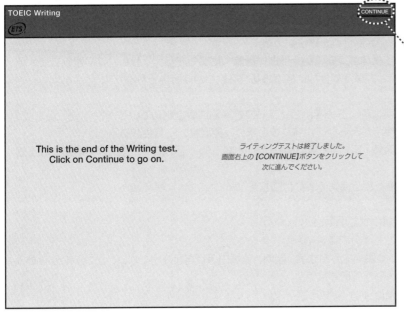

CONTINUE をクリックして、次の画面に進
み、指示に従ってテストをすべて終了しま
す。

採点ポイント

Writing Test Question 8 は以下の4点について採点されます。

- 理由や例を挙げて意見を述べているか
- 文法
- 語彙・語句
- 構成

解答は以下の採点ポイントに基づいて0から5で評価されます。

採点スケール	採点ポイント
5	テーマと課題に正確に取り組んでいる • 適切な説明、例、詳細を明確に示し、よく構成され、展開されている • 全体がよくまとまり、論理の発展性、一貫性がある • 一貫して言語運用能力がある。語彙・語句や文法の些細なミスはあるものの、多様な構文、適切な語彙・語句、慣用的な語法を使っている
4	十分に説明されていない点は多少あるが、テーマと課題に正確に取り組んでいる • 適切な説明、例、詳細を十分に示し、構成も展開も概ねよい • 同じ内容が繰り返されたり、話が脱線したり、つながりがあいまいな箇所がいくつかあるが、全体がよくまとまり、論理の発展性、一貫性がある • 言語運用能力があり、多様な構文を使い、幅広い語彙・語句もある。しかし、文の組み立てや語形変化、慣用的な語法に、理解を妨げない程度の些細な誤りが時折見られる
3	ある程度は効果的に、説明、例、詳細を示し、テーマと課題に取り組んでいる • 話の関連性が不明瞭な箇所があるが、内容にまとまり、発展性、一貫性がある • 正しい文を作成したり語彙・語句を使う力が一定しておらず、その結果、意味が不明瞭になる箇所がある • 構文、語彙・語句は正確だが、使えるものに限りがある
2	テーマや課題を十分に展開させていない • 全体の構成も話の関連性も十分ではない • 課題に対する結論の根拠や説明に必要な例、説明、詳細の示し方が適切でない、かつ不十分である • 語彙・語句の選び方、語形が適切でない • 構文、語法の誤りも非常に多い
1	詳細な説明が全く、もしくはほとんどなく、あったとしても的外れであり、課題に関係があるかどうか判断しかねる対応をしている • 全体のまとまり、話の展開とも全くない • 構文や語法の重大な誤りが頻繁にある
0	設問からそのまま言葉を写している。テーマを無視している、あるいはテーマと関連していない解答である。英語以外の言語で書いている。記号を使用している、または、無解答

＊解答は各採点スケールの採点ポイントに基づいて評価されますが、ポイントのすべてを網羅していなければならないというわけではなく、総合的に評価されます。

解答のプロセス

この問題形式の解答の流れは以下の通りです。
次ページからこの流れに沿って詳しく学習します。

1 Directionsを注意深く読む

課題内容を的確に理解します。

2 設問を注意深く読み、自分の意見とその理由や例を考える

自分の意見を決め、論理的に裏付ける理由や具体的な例を考えます。

3 構成を考えて書く

読み手にわかりやすい構成になるように考えてから、文章を書きます。

4 解答時間内に見直す

作成した文章を見直し、必要があれば修正や変更を加えます。

＊解答プロセスの詳しい説明には **Unit 1 Writing Test Question 8**（p.46）を使用します。

Directions: In this part of the test, you will write an essay in response to a question that asks you to state, explain, and support your opinion on an issue. Typically, an effective essay will contain a minimum of 300 words. Your response will be scored on

> この問題形式
> について

- whether your opinion is supported with reasons and/or examples,
- grammar,
- vocabulary, and
- organization.

You will have 30 minutes to plan, write, and revise your essay.

2 設問を注意深く読み、自分の意見とその理由や例を考える ....

Directions: Read the question below. You have 30 minutes to plan, write, and revise your essay. Typically, an effective response will contain a minimum of 300 words.

Some employees enjoy working alone. Others like to work with a team of coworkers. Which do you prefer? Why? Support your opinion with specific reasons and examples.

> 設問・課題

訳 **ディレクション:** この問題では、質問に対して自分の意見を記述します。ある論点について自分の意見を述べ、説明し、それを裏付けてください。一般的には、効果的な解答を作成するには少なくとも300語以上必要でしょう。作成した解答は、以下に基づいて採点されます。

- 理由や例を挙げて意見を述べているか
- 文法
- 語彙・語句
- 構成

構成を考え、書き、見直すための解答時間は30分間です。

ディレクション: 下の質問を読みなさい。構成を考え、書き、見直すための解答時間は30分間です。一般的には、効果的な解答を作成するには少なくとも300語以上必要でしょう。

単独で仕事をするのが好きな従業員もいます。同僚たちのチームと仕事をするのが好きな従業員もいます。あなたはどちらが好きですか。それはなぜですか。具体的な理由や例を示して、自分の意見を裏付けなさい。

Directions

この設問で行うこと（質問に対する自分の意見を記述する）や、評価基準、解答時間などを確認します。

Directionsにあるように、通常、効果的な解答を作成するには少なくとも300語以上必要でしょう。

設問を読み、意見と理由を考える

Directionsで解答に求められている内容を正しく把握します。

この設問では、次のことが求められています。

- 単独で仕事をするのと、同僚たちと仕事をするのではどちらが好きか答える
- そのように考えるのはなぜか。理由や例を使って、その意見を裏付ける

解答時間は30分です。

解答の核となる自分の意見を決める

「単独で仕事をすることが好き」か、「同僚たちと仕事をするのが好き」という意見のどちらを選択するか決めます。

✅ 解答で述べる意見の決め方や選び方は自由です。
- 自分の考えに近い意見を選ぶ
- 理由や具体例をすぐに英語で思い浮かべられる意見を選ぶ

など、自分が説明しやすい内容を考えるとよいでしょう。

✅ この設問では、片方の立場に立った意見が求められています。設問の英文の意味をしっかりと理解し、求められている内容と関係のない話や主旨から外れた解答にならないように注意しましょう。

意見を裏付ける理由や例を考える

自分が述べる意見を裏付ける理由や具体例を考えます。

論理的に意見や考えを展開します。具体的な例があると、読み手にとってよりわかりやすくなります。解答の語数に上限はないので、理由をいくつ挙げてもかまいませんが、解答時間内にまとめられる数にしましょう。

＜単独で仕事をするのを好む理由＞
- 進捗を自分で管理できる
- 集中して仕事を進められる　など

＜同僚たちと仕事をするのを好む理由＞
- 困ったときに相談できる
- さまざまな意見を聞くことができる　など

✅ 解答を書き始める前に、考えをまとめることが重要です。数分かけて意見や理由を考えるとよいでしょう。「何を述べるか」、「どうやって話を進めるか」が大切です。

✅ 考えた内容を忘れないように、配られたメモ用紙を使って、段落ごとのポイントを書いておいてもいいでしょう。

解答例

第1パラグラフ

In my professional life, I have worked on many projects, both alone and together with colleagues. I have found that it is sometimes possible to complete tasks more quickly on my own than when collaborating with others, because I do not need to explain my plans or negotiate decisions with others. However, that small advantage is greatly outweighed by the many benefits of working with a helpful group of coworkers. If I had a choice, I would always prefer to work in a team than to work alone.

第2パラグラフ

At work, you may frequently find yourself in a high-stress environment, but a supportive network of coworkers can help to ease your tension. It can be hard for people to alleviate their stress when they are working in solitude and there is nobody to talk to. However, when you have colleagues with whom you've been working closely, it is easy to share your worries with them and try to find solutions together. Even if you cannot solve all of your problems immediately, the simple act of talking about your troubles with people you trust will definitely help to minimize your stress. Having a network of teammates even helps to prevent you from being stressed out in the first place, because your coworkers will have an eye on you and will take care of you.

第3パラグラフ

In addition to supporting you emotionally, teammates can help you find your way when you are lost in a project, and they can provide helpful guidance that raises the overall quality of the work being completed. The saying "two heads are better than one" certainly holds true here. People are far more likely to succeed when they can rely on their team to help understand and respond to confusing challenges; in fact, sometimes the most innovative and effective solutions are the result of collaboration. Working as a team greatly enhances the quality and effectiveness of everyone's individual contributions, not only because teammates help one another think creatively, but also because they can review one another's efforts and offer feedback. Even for those with extensive work experience, it is always nerve-racking to make important decisions or to hand in a report to the senior management. Even if you carefully check every detail and review every step on your own, there is a chance you might miss something. Teammates can be a great help in these situations, as they can review your work and make recommendations for you or catch your mistakes. Knowing that you have your teammates' support also has the benefit of giving you courage and confidence when you need them.

第4パラグラフ

To reiterate my earlier statement, I greatly prefer having a team of coworkers to work with over working alone. The trust that I have in my colleagues, who will always be there for me at work to help me handle my stress, to guide me when I'm puzzled, and to review and confirm my work, is well worth the cost of a few extra hours of team meetings. Given all of the advantages stated above, I would never want to work alone.

訳

私は職業柄、単独でも同僚とともにでも、多くのプロジェクトに取り組んできました。他の人と協働するときよりも、単独の方がより速く仕事を終えられることもあるということはわかっています。それは私の考えを説明したり、決断をほかの人と話し合ったりする必要がないからです。しかし、そんな些細な利点より、助けになる同僚たちのグループと一緒に仕事をすることによる多くの利点の方がはるかに重要です。選べるなら、私は常に、単独で仕事をするよりもチームで仕事をする方を選ぶでしょう。

仕事においては、自分自身がストレスに満ちた環境にいることにしばしば気づくかもしれませんが、同僚たちの協力的なネットワークが緊張をほぐすのに役立つことがあります。ひとりで働き、話しかける相手が誰もいないとき、人々にとってストレスを解消するのは難しいかもしれません。しかし、ずっと密接に働いている同僚たちがいれば、彼らに心配事を話して一緒に解決策を見つけようとすることは簡単です。たとえ問題のすべてを即座に解決できなくても、信頼する人たちと悩みを話し合うという単純な行為は、ストレスを最小限に抑えるのに間違いなく役立つでしょう。チームの仲間のネットワークがあれば、最初の段階でストレスにまいってしまうのを防ぐのにも役立ちます。なぜなら同僚たちがあなたを気にかけ、大事にしてくれるからです。

あなたを精神的に支えることに加えて、チームの仲間はプロジェクトで戸惑ったときに道を見つける手助けをしてくれ、完成されつつある仕事の全体的な質を向上させる有益な助言を与えてくれることがあります。「2つの頭脳は1つに勝る（三人寄れば文殊の知恵）」ということわざは、ここでは確かに当てはまります。ややこしい課題を理解し対応するのを手伝ってくれるようチームに頼ることができる場合、人々が成功する可能性はかなり高くなります。事実、ときには、最も革新的で効果的な解決策は、共同作業の成果です。チームで仕事をすることは、各個人の貢献の質と効果を大いに高めます。それは、チームの仲間が互いに創造的に考える手伝いをするだけでなく、ほかの人の取り組みを見直し、意見を提供することもできるからです。幅広い職務経験を持つ人々でさえ、重要な決定をしたり、上級管理者に報告書を提出したりするのは常に神経のすり減ることです。自分自身ですべての詳細を注意深く確認し、あらゆる手順を見直しても、何かを見落とす可能性があります。チームの仲間は、仕事を見直したり提案をしたり、あるいは間違いを見つけたりしてくれることで、このような状況で大いに助けになってくれます。チームの仲間の支えがあるとわかっていることは、必要なときに勇気と信頼をもらえるという恩恵もあるのです。

前言を繰り返すと、私は単独で仕事をするよりも、一緒に働く同僚たちのチームがいる方がずっと好きです。仕事の場でいつもそこにいて、私がストレスに対処する手助けをし、困ったときに導いてくれ、さらに私の仕事を見直して確認してくれる同僚に対して私が持つ信頼は、チームミーティングにかかる余分な数時間に十分に値するものです。以上に述べた利点のすべてを考えると、私は決して単独で仕事をしたいとは思いません。

＊解答例はすべての採点ポイントに合致し、最も高い採点スケールに評価されるものです。
詳しくはp.188をご覧ください。

文章を構成するにはさまざまな方法がありますが、ここでは一例として解答例を基に、読み手にわかりやすい文章を考えます。
まず「何を述べるか」核となる意見とその理由や具体例を決め、次に「どうやって話を進めるか」を考えます。
文章構成は重要な要素のひとつなので、論理性を失わないよう、順序よく組立てます。

第1パラグラフ

意見

最初のパラグラフには、自分の考えや主張する意見を書きます。質問に対する自分の意見を的確に伝える文を書くとよいでしょう。

> 自分の意見を冒頭に書くことはよい方法のひとつでしょう。読み手にはっきりと印象付けることができます。

意見を表す方法はたくさんありますが、以下のように表すこともできるでしょう。

例　設問で使われている語句を使う
[設問] Which do you prefer? ➡ [意見] I prefer to work in a team.
（どちらを好みますか。 ➡ 私はチームで仕事をすることを好みます。）

例　反対意見を引き合いに出す
There are some people who would think that working as a team is an
annoyance, but I think that working as a team improves both the quality of the
work and the happiness of the employees.
（チームで働くことを悩みの種だと考える人もいますが、私は、チームで働くことによって仕事の質と従業員の満足度の両方が高くなると思います。）

第2パラグラフ

理由 / 例

第1パラグラフで述べた自分の意見や考えを裏付ける理由を書きます。
この解答例では主な理由を2つと、その理由を具体的に説明しています。第2パラグラフでまずひとつめの理由を書いています。

具体的な例があると、要点がより明確になります。

> **理由を表す文**
> **+**
> **理由を裏付ける例**

理由を述べる方法はたくさんありますが、以下のように表すこともできるでしょう。

- ひとつめの理由を表す文の前にFirst（第一に）、2つめの理由を表す文の前にSecond（第二に）などを使う。
- 自分の意見を裏付ける理由や例を箇条書きにする。ただし、単語をリストにして並べるだけでは高い評価にはならないでしょう。

第3パラグラフ

理由 / 例

新しいパラグラフを始めて、2つめの理由を説明します。

理由のひとつめと同様に、理由を表す文とその理由を裏付ける例があるとよいでしょう。具体的に説明するために、この解答例ではことわざを引用しています。

第4パラグラフ

まとめ

最後に、パラグラフを新しくして、自分の意見をまとめます。

まとめは、高い採点スケールを取得するために必ず必要な要素ではありませんが、きちんとした構成にするために役立つでしょう。

4 解答時間内に見直す ···

■ **設問に的確に答え、自分の意見を述べているか**

この設問では
- 「単独で仕事をする」のと「同僚と仕事をする」のではどちらを好むか

■ **相手に伝わるわかりやすい構成、文章か**

- 文章が論理的に展開されており、一貫性があるか
- 意見とその理由や具体例がわかりやすい流れと構成になっているか
  - 例 意見 ➡ 理由や具体例（意見の裏付け）➡ まとめ　という構成
  - ＊説明や構成にはさまざまな方法があります。
- 少なくとも300語以上を使って書いているか

■ **語彙・文法を適切に使っているか**

- 構文や語句を適切に使っているか
- つづりや文法のミス（時制、主語と動詞の不一致など）はないか

📖 たとえ意見をきちんと持っていても、それを裏付ける理由や例を十分に説明できなければ、高い採点スケールには評価されないでしょう。

📖 長い文章を書いても、質問に的確に答え、わかりやすい構成や文章でなければ、高い採点スケールには評価されません。

⚠️ **見直そう**

Unit 1 Writing Test Question 8（p.46）で書いた解答を見直しましょう。
上記の見直しのポイントや、採点ポイントを確認しながら改善点を考え、修正します。

その他の表現例

■ 意見を述べる

- I think we should dress neatly at the workplace. There are two reasons why I think so.

  私は、職場ではきちんとした服装をすべきだと思います。私がそう考える理由は２つあります。

- Some may think newspaper advertisements are the best for finding a job, but I think job search websites are the best.

  仕事を見つけるには新聞広告が一番よいと考える人もいるでしょうが、私は求人検索ウェブサイトが一番だと思います。

- My opinion is that it's generally a good idea to introduce uniforms in the office.

  私の意見は、職場に制服を導入するのは概してよい考えだというものです。

■ 理由を説明する

- First, you would have many more choices at those websites compared to other places.

  第一に、そういったウェブサイトでは、ほかの場所と比べてはるかにたくさんの選択肢があります。

- Second, it would be easy to find a job that satisfies your requirements.

  第二に、自分の条件を満たす仕事を見つけるのが簡単です。

- In addition to the large amount of information websites have to offer, a variety of other services that they provide also assist job seekers in finding work.

  ウェブサイトが提示する膨大な情報量に加えて、それらが提供するそのほかのさまざまなサービスもまた、求職者が仕事を見つける手助けをします。

- Let me first discuss the benefits for the employer.

  最初に、雇用主にとっての利点について説明させてください。

- I would like to point out another advantage for the employer.

  雇用主にとってのもうひとつの利点を指摘したいと思います。

- Furthermore, casual outfits are often considered inappropriate for business situations.

  さらに、カジュアルな服装は多くの場合、ビジネスシーンにふさわしくないとみなされています。

- In short, we need to invest part of our income in business attire.

  つまり、私たちは収入の一部をビジネススーツに投資する必要があるのです。

■ **例や詳細を説明する**

- **For instance,** getting some exercise may be a good way to relieve our stress.

  例えば、多少の運動をすることはストレスを和らげるいい方法かもしれません。

- **Let's say** a company cuts employee bonuses.

  会社が従業員の賞与を減らしたとしましょう。

- **If** incomes decrease, employee motivation might decrease as well.

  もし収入が減ったら、従業員のやる気も低下するかもしれません。

- People often use the Internet these days. **Therefore,** banner ads are one of the best methods to advertise products.

  最近では人々はよくインターネットを使います。従って、バナー広告は商品を宣伝する最良の手段のひとつです。

- These opinions, **however,** overlook one important market factor.

  これらの意見はしかしながら、ある重要な市場の要素を見落としています。

- Wearing uniforms saves employees time and energy that they would **otherwise** spend on choosing work outfits; **on the other hand,** it constrains their ability to express themselves fully in the workplace.

  制服の着用は、制服がなければ仕事の服装を選ぶのに社員が費やすであろう時間とエネルギーを省きますが、一方で、職場で自身を完全に表現する能力を制約します。

- **Although** some workplaces offer onsite child care for working parents, it is not a commonly provided benefit.

  働く親のために社内託児所を提供している職場もありますが、それは一般的に提供される福利厚生ではありません。

■ **まとめる**

- **In conclusion,** I am against the idea that we should wear suits in the workplace.

  結論として、私は職場でスーツを着るべきだという意見に反対します。

- **In conclusion, although** both eating out and cooking at home have good points, I think eating out is better for me.

  結論として、外食にも家で料理をすることにも利点がありますが、私にとっては外食のほうがいいと思います。

- **In summary,** I believe personal recommendations are the most effective way to find a job.

  つまり、個人的な推薦は、仕事を見つけるのに最も効果的な方法だと私は確信しています。

解答例の詳しい解説

第1 パラグラフ **1**In my professional life, I have worked on many projects, both alone and together with colleagues. **2**I have found that it is sometimes possible to complete tasks more quickly on my own than when collaborating with others, because I do not need to explain my plans or negotiate decisions with others. **3**However, that small advantage is greatly outweighed by the many benefits of working with a helpful group of coworkers. **4**If I had a choice, I would always prefer to work in a team than to work alone.

第2 パラグラフ **1**At work, you may frequently find yourself in a high-stress environment, but a supportive network of coworkers can help to ease your tension. **2**It can be hard for people to alleviate their stress when they are working in solitude and there is nobody to talk to. **3**However, when you have colleagues with whom you've been working closely, it is easy to share your worries with them and try to find solutions together. **4**Even if you cannot solve all of your problems immediately, the simple act of talking about your troubles with people you trust will definitely help to minimize your stress. **5**Having a network of teammates even helps to prevent you from being stressed out in the first place, because your coworkers will have an eye on you and will take care of you.

第3 パラグラフ **1**In addition to supporting you emotionally, teammates can help you find your way when you are lost in a project, and they can provide helpful guidance that raises the overall quality of the work being completed. **2**The saying "two heads are better than one" certainly holds true here. **3**People are far more likely to succeed when they can rely on their team to help understand and respond to confusing challenges; in fact, sometimes the most innovative and effective solutions are the result of collaboration. **4**Working as a team greatly enhances the quality and effectiveness of everyone's individual contributions, not only because teammates help one another think creatively, but also because they can review one another's efforts and offer feedback. **5**Even for those with extensive work experience, it is always nerve-racking to make important decisions or to hand in a report to the senior management. **6**Even if you carefully check every detail and review every step on your own, there is a chance you might miss something. **7**Teammates can be a great help in these situations, as they can review your work and make recommendations for you or catch your mistakes. **8**Knowing that you have your teammates' support also has the benefit of giving you courage and confidence when you need them.

第4 パラグラフ **1**To reiterate my earlier statement, I greatly prefer having a team of coworkers to work with over working alone. **2**The trust that I have in my colleagues, who will always be there for me at work to help me handle my stress, to guide me when I'm puzzled, and to review and confirm my work, is well worth the cost of a few extra hours of team meetings. **3**Given all of the advantages stated above, I would never want to work alone.

＊解答例の訳は、p.193 ご参照ください。

第1パラグラフ | **意見**

1文目 導入として、I have worked on many projects, both alone and together with colleagues と、実際の経験を述べています。このように実際の経験があると述べることで、書き手自身に情報源となる知識が備わっていることを示しています。

2文目 it is sometimes possible to complete tasks more quickly on my own と、自分の意見に対立する意見を引き合いに出しています。

3文目 However を使って、きっぱりと、かつ効果的に対立意見に反論しています。

4文目 If I had a choice, I would always prefer to work in a team than to work alone. と、自分の見解をはっきりと示しています。

第2パラグラフ | **理由／例**

1文目 「同僚と仕事をする方がよい」という意見を裏付けるひとつめの理由として、a supportive network of coworkers can help to ease your tension と述べています。

3-5文目 3文目の it is easy to share your worries with them and try to find solutions together、4文目の the simple act of talking about your troubles ... help to minimize your stress、5文目の Having a network of teammates even helps to prevent you from being stressed out in the first place といった例を使って、1文目で述べた理由を具体的に説明しています。

第3パラグラフ | **理由／例**

1文目 In addition to を使って、新たな理由を紹介しています。「同僚と仕事をする方がよい」という意見を裏付けるもうひとつの理由を teammates ... they can provide helpful guidance that raises the overall quality of the work being completed と述べています。

2文目 two heads are better than one と、ことわざを例に出し、自分の主張を読み手に効果的に伝えています。

3、4、7文目 3文目の sometimes the most innovative and effective solutions are the result of collaboration、4文目の they can review one another's efforts and offer feedback、7文目の they can ... catch your mistakes といった例を使って、1文目で述べた理由を具体的に説明しています。they はいずれも teammates を指します。

第4パラグラフ | **まとめ**

1文目 To reiterate my earlier statement, と始めてから、I greatly prefer having a team of coworkers to work with over working alone と、主張をはっきりと繰り返し述べています。

3文目 Given all of the advantages stated above, I would never want to work alone. と自分の意見をまとめています。

❧

- 「単独で仕事をするのと同僚と仕事をするのとではどちらがよいか」「それはなぜか」という設問に対して的確に答えています。
- 意見を裏付ける詳しい理由と複数の具体例を第2・第3パラグラフで述べています。
- 初めから終わりまで、構成上の論理や文の並べ方は、読み手が書き手の主張を理解するのに役立っています。また、このことによって、文章の全体的な一貫性が高まっています。
- However や Even if、In addition to、in fact、To reiterate といった言葉を使って、ひとつの考えを次の考えに効果的に関連付けて、同僚と働く方がよいという意見の理由付けをしています。

この設問で使えるその他の表現例

意見

- I prefer working alone rather than working with colleagues. There are two reasons for my preference for this working style: the efficiency and the rewarding experiences.

  私は同僚たちと働くよりも単独で働く方を好みます。この働き方に対する
  私の好みには２つの理由があります。効率とやりがいのある経験です。

理由／例

- For one thing, working alone can save extra time and labor which have to be spent if you work with your colleagues.

  第一に、単独で働くことは、同僚たちと仕事をする場合に費やさなければならない余分な時間と労力を節約することができます。

- For instance, it takes a lot of time and effort to call for meetings or to coordinate division of labor among team members.

  例えば、会議を招集するため、あるいはチームメンバー間の作業分担を調整するためにたくさんの時間と労力がかかります。

- In short, working on your own is more efficient than working with colleagues.

  つまり、ひとりで働くことは同僚たちと働くよりも効率がよいのです。

- Another thing is that working alone will foster responsibility and provide you with a sense of accomplishment, which will lead to growth as a businessperson.

  もうひとつは、単独で働くことは責任感を養い、達成感を与えてくれる
  ということで、それはビジネスパーソンとしての成長につながります。

- It's true that if you work with coworkers, they'll give you ideas and advice. However, even if you're faced with problems, there are other ways to solve them, such as discussing them with your client or asking a consultant for advice.

  同僚たちと働く場合は、彼らから案や助言をもらえるというのも事実です。しかし、たとえいくつかの問題に直面しても、それらを
  切り抜ける方法はほかにもあります。例えば、顧客と相談したり、コンサルタントに助言を求めたりするなどです。

まとめ

- To sum up, I would prefer working alone to working with coworkers in order to maximize work efficiency and to continue growing as a businessperson.

  まとめると、私は仕事の効率を最大限に高め、ビジネスパーソンとして
  成長し続けるために、同僚たちと働くよりも単独で働く方を選びます。

◆ 解答を書くときの注意点 ◆

● 書き始める前によく考えましょう。明瞭で一貫した文章にすることが大切です。最も論理的な順序で考えを述べていきます。構成も採点基準のひとつなので、わかりやすい構成になるように考えてから書きましょう。

● 答え方はさまざまです。反対の立場をとり多くの理由を挙げたり、テーマについて深く掘り下げて理由を書いたりすることもできるでしょう。

◆ 評価について ◆

● 最も高い採点スケールを得る解答は、全体的な構成が優れているだけでなく、さまざまな構文が適切に使われています。

● ひとつの考えからつながりのない別の考えへと移っていく文章や、最初と最後で主張が違っているような文章は高い評価を得られません。

● 論点についての詳細な説明がなかったり、英単語を自分で作り上げてしまったりしているような場合は、どんなによい意見であっても、最も高い採点スケールにはなりません。解答時間内にしっかり見直すようにしましょう。ただし、内容の理解を妨げない多少の文法やつづりの誤りは採点に影響を与えません。

◆ 練習方法 ◆

● 読み手を説得するような論理的な展開の文章を書くためには、英字新聞や英語の雑誌の社説を読むことがおすすめです。社説や論説は、意見を述べ、その根拠となる理由や例を提示するものが多いので、書き方を学ぶ上で大変参考になるでしょう。

● 質問への答え方、文章の構成などはこの解答例の形に限りません。練習1、2や実践テストの解答例、表現例、その他さまざまな文章を幅広く学習し、自身の文章力向上に役立てましょう。

● 30分の中で考え、書き、見直す必要があります。書き始める前に考えることは重要ですが、「考える」「書く」「見直す」という作業の時間配分は人によって異なるでしょう。自分はどこに一番時間をかけるのか、受験前に確認しておくとよいでしょう。

> (!) **再挑戦しよう**
>
> Unit 1 Writing Test Question 8（p.46）に再挑戦しましょう。
> 解答例や表現例を活用して表現の幅を広げましょう。

Question 8

Directions: In this part of the test, you will write an essay in response to a question that asks you to state, explain, and support your opinion on an issue. Typically, an effective essay will contain a minimum of 300 words. Your response will be scored on

- whether your opinion is supported with reasons and/or examples,
- grammar,
- vocabulary, and
- organization.

You will have 30 minutes to plan, write, and revise your essay.

Directions: Read the question below. You have 30 minutes to plan, write, and revise your essay. Typically, an effective response will contain a minimum of 300 words.

Think about a job you have had or would like to have. In your opinion, what are the most important characteristics that you and the people you work with should possess to be successful in that job? Use reasons and specific examples to illustrate why these characteristics are important.

準備	1	Directions を注意深く読む
	2	設問を注意深く読み、自分の意見とその理由や例を考える

- 仕事 (現職や就きたい仕事など)で、自分や同僚が持ち合わせているべき資質は何か
  ▶ 質問に対する自分の意見、裏付ける理由や具体例を考えましょう。

書く	3	構成を考えて書く

例　●意見　　●理由や具体例　　（●まとめ）

見直す	4	解答時間内に見直す

- 質問に的確に答え、自分の意見を述べているか
- 相手に伝わるわかりやすい構成、文章か
- 語彙・文法を適切に使っているか

練習 2

Question 8

Directions: In this part of the test, you will write an essay in response to a question that asks you to state, explain, and support your opinion on an issue. Typically, an effective essay will contain a minimum of 300 words. Your response will be scored on

- whether your opinion is supported with reasons and/or examples,
- grammar,
- vocabulary, and
- organization.

You will have 30 minutes to plan, write, and revise your essay.

Directions: Read the question below. You have 30 minutes to plan, write, and revise your essay. Typically, an effective response will contain a minimum of 300 words.

Do you agree or disagree with the following statement?

It is better for a company to hire a job applicant who already has work experience than to hire an applicant who recently graduated from school.

Give reasons and examples to support your opinion.

準備

1 Directions を注意深く読む

2 設問を注意深く読み、自分の意見とその理由や例を考える
- 会社は新卒よりも経験者を採用すべきか
  ▶ 質問に対する自分の意見、裏付ける理由や具体例を考えましょう。

書く

3 構成を考えて書く
例 • 意見　　• 理由や具体例　　（• まとめ）

見直す

4 解答時間内に見直す
- 質問に的確に答え、自分の意見を述べているか
- 相手に伝わるわかりやすい構成、文章か
- 語彙・文法を適切に使っているか

Question 8

設問文・訳（Directionsの訳はp.190を参照してください。）

現在就いている仕事、あるいは就きたい仕事のことを考えてください。あなたの考えでは、あなたと、一緒に仕事をする人たちがその仕事で成功するために持ち合わせるべき最も重要な資質は何ですか。理由や具体例を使って、なぜそれらの資質が重要であるかを説明しなさい。

解答例

The best job in the world is that of a teacher. Not many people think so, but I have thought so for most of my life, and I still do. Yet teaching is not necessarily easy; there are many important characteristics teachers must possess in order to be successful in their work.

First, teachers must be highly knowledgeable about their subject matter, and just as importantly, they must be interested and motivated to keep their subject matter knowledge current. For example, a biology teacher should know not only the curriculum designed for his or her students, but also the most interesting current topics in biology research and how those topics might connect to the student curriculum. Not only will this make them wiser instructors for their students, it will also help them motivate their students by allowing them to relate fascinating facts about recent advances in the field. Their best students will then be well prepared to go on to further studies in biology. To achieve this, one can take night classes, earn higher degrees by attending school part time, read academic journals, go to conferences, and so on.

Second, teachers should have the ability to remain calm in stressful situations. Teachers should not break down when stress levels are high. For example, at the end of the school year, students are usually nervous about their marks and teachers typically have piles of tests or final papers waiting on their desks to be carefully graded. In such situations, it is crucial that the teacher remain calm, assign each paper a fair grade, and help students get through this stressful time.

Third, a teacher should be organized. Schools assign teachers an immense amount of administrative paperwork to do, so it is helpful to be a tidy person, as it will make the paperwork more bearable and less likely to consume a lot of the teacher's time. Organization is also necessary when planning lessons. Lessons that are well organized are easy to follow, so students can learn the material as quickly as possible.

解答例・訳

世界で最良の仕事は教師の仕事です。そう考える人はあまり多くありませんが、私は人生の大部分においてそう考えてきて、今でもそう考えています。しかし、教えることは必ずしもたやすいことではありません。教師が仕事で成功するために持ち合わせていなければならない重要な資質はたくさんあります。

第一に、教師は自分の教科の内容に高い見識を持っていなければならず、さらにちょうど同じくらい重要なのが、教科内容の知識を最新の状態にしておくために関心を持ち意欲的でなければならないということです。例えば、生物の教師は、自分の生徒たちのために作られたカリキュラムだけでなく、生物学研究の最も興味深い最新の話題や、これらの話題が生徒のカリキュラムにどのようにつながる可能性があるかを知っておくべきです。これは、教師を生徒にとってより賢い指導者にするだけでなく、教師がその分野で最新の進歩に関する興味深い事実と結び付くことによって、生徒のやる気を高めることにも役立つでしょう。最も優秀な生徒たちはその結果、生物学のさらなる勉学に進む準備が十分に整うでしょう。これを実現するために、教師は夜間授業を受けたり、パートタイムで学校に通ってより高い学位を取ったり、学術雑誌を読んだり、学会に行ったりすることもできます。

第二に、教師はストレスの多い状況で落ち着いていられる能力を持つべきです。教師はストレスがたまったときに取り乱すべきではありません。例えば、学年末になると、生徒はたいてい成績について不安に思い、教師はよくあるように、入念に採点されるのを机の上で待っているテストか期末レポートの山を抱えています。このような状況で、教師が平静を保ってレポートをひとつひとつ公平に採点し、生徒がこのストレスの多い時期を乗り切るのを手伝うことは極めて重要です。

第三に、教師はきちんとしているべきです。学校は教師に膨大な量の運営上の事務書類を処理するよう割り振るので、几帳面な人であることが助けになります。それは書類仕事をよりしのぎやすくし、教師の時間を大量に費やす可能性を少なくしてくれるからです。きちんとしていることは授業の計画を立てるときにも必要です。うまく組み立てられた授業は理解しやすいので、生徒は可能な限り短時間で題材を学ぶことができます。

Finally, the most important characteristic of a teacher is the drive to help others. Teachers should derive pleasure from helping children develop and flourish. Obviously, this is part of the job description, but an excellent teacher genuinely enjoys helping others. Such teachers recognize that helping children improve their knowledge and skills makes teaching an enriching job. The satisfaction of having brought about a positive change, or of having sparked an interest in your subject, is incomparable.

With the characteristics mentioned above, one can be the type of teacher whom students will remember and appreciate for years to come.

最後に、教師の最も大切な資質は、人の助けになろうとする意欲です。教師は子どもたちが成長し、元気でいることを手助けすることから喜びを得るべきです。明らかにこれは職務の一部ですが、優れた教師は人助けを心から楽しみます。そのような教師たちは、子どもたちが知識と技能を伸ばすのを助けることが、教えることをより豊かな仕事にすると知っています。前向きな変化をもたらしたり、教えている教科への興味を引き出したりする満足感は、比類のないものです。

上に述べた資質を持てば、生徒が今後何年にもわたって記憶にとどめ、感謝するタイプの教師になることができます。

解説

- 設問に適切に対応している解答です。読み手が書き手の主張を理解しやすいように文が並べられ、初めから終わりまで論理的に構成されています。

- この文章の論点となる仕事について、導入部分でthat of a teacherと簡潔に明らかにしています。書き手の個人的な経験についてI have thought so for most of my lifeと触れてから、there are many important characteristics teachers must possessと文章を展開しています。

- 第2〜5パラグラフで、持ち合わせるべき4つの資質をbe highly knowledgeable about their subject matter, and ... be interested and motivated to keep their subject matter knowledge current、have the ability to remain calm in stressful situations、be organized、the drive to help othersと挙げています。その際、各パラグラフの冒頭でFirst、Second、Third、Finallyという言葉を使い、ひとつひとつをわかりやすく列挙しています。

- それぞれの資質は、複数の具体的な理由や例によって裏付けされています。例えば、2つめの資質、the ability to remain calmについては、it is crucial that the teacher remain calm, assign each paper a fair grade, and help students get through this stressful timeという例を提示しています。また、3つめの特徴、a teacher should be organizedについては、理由を2つ、Schools assign teachers an immense amount of administrative paperwork to do, so it is helpful to be a tidy person、Lessons that are well organized are easy to follow, so students can learn the material as quickly as possible.と述べています。

- Yet、just as importantly、For example、not only ... but also ...、In such situations、so、Such teachers、With the characteristics mentioned aboveなどの言葉を適切に使うことで、全体的に明瞭で一貫性のある流れのよい文章になっています。

Question 8

設問文・訳 （Directionsの訳はp.190を参照してください。）

以下の意見に賛成ですか、反対ですか。

「会社は、学校を最近卒業した就職志望者を採用するより、すでに職務経験のある志望者を採用した方がよい」

理由や例を示して、自分の意見を裏付けなさい。

解答例

An important decision when bringing new people into an organization is whether to hire people who have recently graduated from school or people who have prior experience. Schools equip students with a wide array of skills that prepare them to enter professions at an introductory level, and there is no doubt that these programs are valuable. However, employees in the latter category bring with them sophisticated skills, specialized knowledge, and informed perspectives that allow them to begin working at an advanced level from the start. That is why I agree with the statement that it is better for a company to hire a job applicant who already has work experience than to hire an applicant who recently graduated from school.

Skills are effectively developed through repeated practice and constructive feedback. While recent graduates may have practiced their skills in school, professionals have had much more practice (and experience integrating feedback) and tend to perform at a higher level. Companies who hire employees with experience can shorten or even eliminate the training periods that they would need to provide to recent graduates. For example, a computer programmer who has just graduated from school may need to work on basic coding for elementary types of programs while learning the nuances of his or her new profession. Yet a computer programmer with prior experience can join a company and immediately begin work on advanced projects, such as creating virtual-reality environments.

There is an old saying that experience is the best teacher, and this statement has much truth to it. Colleges and trade schools cannot possibly prepare students for every potential problem or situation; the curriculum probably focuses on the most common scenarios. For example, the computer programmer fresh out of school may have lots of experience troubleshooting the most common computer problems. But the programmer who has years of experience will have amassed a considerable amount of specialized knowledge about potential bugs. This programmer will be able to fix even uncommon problems efficiently and effectively.

解答例・訳

新しい人を組織に入れるときに重要な判断は、最近学校を卒業した人か、それとも以前の経験がある人のどちらを雇うか、ということです。学校は学生に、すぐ初歩レベルでの仕事に就けるように幅広い技能を身につけさせており、これらのプログラムが有益であることに疑いの余地はありません。しかし、後者のカテゴリーに属する従業員は、最初から上級レベルで仕事を始めることを可能にする熟練した技術や専門知識、そして見識ある視点を持ち合わせています。それが、最近学校を卒業した応募者を雇うよりも、すでに実務経験のある志願者を雇った方が会社にとってよいという意見に私が賛成する理由です。

技能は、度重なる訓練と建設的な評価を通じて、効果的に育成されます。新卒者は学校で技能を訓練してきているかもしれませんが、熟練した人ははるかに多くの訓練（と、評価を組み込んだ経験）を積んでおり、より高いレベルで仕事をこなす傾向があります。経験のある従業員を雇う会社は、新卒者に与える必要がある訓練期間を短縮するか、あるいはなくすことさえできます。例えば、学校を卒業したばかりのコンピューター・プログラマーは、自身の新しい仕事に関するニュアンスを学びながら、初歩的なタイプのプログラミングをするために基礎的なコーディングに取り組む必要があるかもしれません。しかし、以前の経験があるコンピューター・プログラマーは、入社してすぐに、バーチャルリアリティ環境の構築といった高度な仕事に取り組み始めることができます。

古いことわざに「経験は最良の師」とありますが、この言葉はかなり当たっています。大学や職業専門学校は学生たちに、起こりうるすべての問題や状況に対して準備をさせることは到底できないので、カリキュラムはおそらく、最も一般的な状況に焦点を当てているでしょう。例えば、学校を卒業したばかりのコンピューター・プログラマーには、最も一般的なコンピューターの問題を解決した経験はたくさんあるかもしれません。しかし、長年の経験を積んだプログラマーは、起こりうるバグに関する膨大な量の専門知識を蓄積してきているはずです。このプログラマーは珍しい問題であっても、効率よく効果的に直せるでしょう。

Finally, the perspective that comes from working in one field over a period of time also gives an advantage to candidates with experience. To use the same example again, the computer programmer with years of experience is positioned to recognize industry trends and adjust accordingly over time. That person will have useful knowledge and insight about, for example, applications that failed before going to market or failed to make the company any profit in the past; thus, the experienced employee can help the company avoid making similar mistakes in the future.

Hiring the right people is one of the most important factors contributing to an organization's success. Hiring people immediately after their graduation, though it may save a bit of money in salary in the short-term, will actually cost a company more because it requires a lengthy period of training. However, new hires who have experience can begin fully and meaningfully contributing their skills, knowledge, and informed perspectives from their first days on the job.

最後に、長年にわたってひとつの分野で仕事をしていることから生じる視点は、経験のある志望者に強みも与えます。同じ例をもう一度使うと、長年の経験を持つコンピューター・プログラマーは、業界の動向を認識し、状況に応じて徐々に適応する立場に置かれます。そのような人は、例えば、過去に市場に出る前に失敗したり、会社に何も利益をもたらさなかったりしたアプリケーションについて、有用な知識と洞察力を持つことになるでしょう。このように、経験のある従業員は、会社が将来同じような過ちを犯すことを回避する手助けができます。

適任者を雇うことは、組織の成功に寄与する最も重要な要因のひとつです。卒業して間もない人を雇うのは、短期的には給与の面でわずかなお金を節約できるかもしれませんが、長い訓練期間を要するので、実際には会社により多くの経費がかかります。しかし、経験のある新入社員は仕事に就いた初日から、技能や知識、見識ある視点を十分に、かつ有意義に提供し始めることができるのです。

解説

● よくまとまった解答で説得力があり、読み手が書き手の主張を理解しやすいように文が並べられ、論理的な構成になっています。

● 第1パラグラフの最後にある、That is why I agree with the statement that it is better for a company to hire a job applicant who already has work experience than to hire an applicant who recently graduated from school. という部分で、自分は賛成の立場であることを明示しています。

● 冒頭部分では、効果的に文章を始めています。
1文目のAn important decision when bringing new people into an organization is whether to hire people who have recently graduated from school or people who have prior experience. で、話題としているテーマの重要性を簡潔に述べています。
その後、Schools equip students with a wide array of skills that prepare them to enter professions at an introductory level, and there is no doubt that these programs are valuable. However, employees in the latter category bring with them sophisticated skills, specialized knowledge, and informed perspectives that allow them to begin working at an advanced level from the start. と、テーマに多数の側面があることを手短にまとめています。逆接を示すHoweverを使うことで、文章の残りの部分でどちらの意見を展開していくかを、読み手にはっきりと示しています。

● 自分の意見を強く支持する理由を複数展開しています。
例えば経験豊富な社員を雇うメリットについては、次の部分で示されています。第1パラグラフのemployees in the latter category bring with them sophisticated skills, specialized knowledge, and informed perspectives that allow them to begin working at an advanced level from the start、第2パラグラフのCompanies who hire employees with experience can shorten or even eliminate the training periods that they would need to provide to recent graduates.、第4パラグラフのthe perspective that comes from working in one field over a period of time also gives an advantage to candidates with experienceです。

● 自分の意見をさらに詳しく説明する、明瞭で関連のある例は次の3つの箇所で示されています。
第2パラグラフのa computer programmer with prior experience can join a company and immediately begin work on advanced projects ....、第3パラグラフのthe programmer who has years of experience will have amassed a considerable amount of specialized knowledge ....、第4パラグラフのThat person will have useful knowledge and insight about, for example, applications that failed before going to market or failed to make the company any profit in the pastです。

- equip、introductory、specialized、constructive、integrating、nuances、troubleshootingなど、豊富な語彙力があります。

- 以下のような明瞭で精巧な文章を使い、文法的により複雑なフレーズや文を生み出す能力があることを示しています。
第1パラグラフのAn important decision when bringing new people into an organization is whether to hire people who have recently graduated from school or people who ...、However, employees in the latter category bring with them sophisticated skills, specialized knowledge, and informed perspectives that allow them to begin working at an advanced level ...、第2パラグラフのWhile recent graduates may have practiced their skills in school, professionals have had much more practice ...、第5パラグラフのHiring people immediately after their graduation, though it may save a bit of money in salary in the short-term, will actually cost a company more ...です。

Unit 3

実践テスト

Unit 3 には、TOEIC® S&Wが2回分掲載されています。Unit 2 で学んだことを基に、実際に時間を計って解答してみましょう。（Speaking Testの音声ファイルには、準備時間や解答時間が含まれています。）

録音機器とパソコンを使って解答を入力し、データを保存することをお勧めします。こうすることで、自分の解答を見直すことができます。

Speaking Test

TOEIC Speaking

Speaking Test Directions

This is the TOEIC Speaking Test. This test includes eleven questions that measure different aspects of your speaking ability. The test lasts approximately 20 minutes.

Question	Task	Evaluation Criteria
1-2	Read a text aloud	• pronunciation • intonation and stress
3-4	Describe a picture	all of the above, plus • grammar • vocabulary • cohesion
5-7	Respond to questions	all of the above, plus • relevance of content • completeness of content
8-10	Respond to questions using information provided	all of the above
11	Express an opinion	all of the above

For each type of question, you will be given specific directions, including the time allowed for preparation and speaking.

It is to your advantage to say as much as you can in the time allowed. It is also important that you speak clearly and that you answer each question according to the directions.

Click on **Continue** to go on.

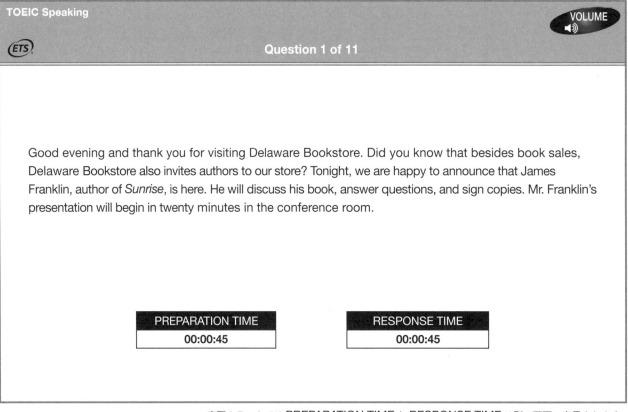

VOLUME

Questions 1-2: Read a text aloud

Directions: In this part of the test, you will read aloud the text on the screen. You will have 45 seconds to prepare. Then you will have 45 seconds to read the text aloud.

VOLUME

Good evening and thank you for visiting Delaware Bookstore. Did you know that besides book sales, Delaware Bookstore also invites authors to our store? Tonight, we are happy to announce that James Franklin, author of *Sunrise*, is here. He will discuss his book, answer questions, and sign copies. Mr. Franklin's presentation will begin in twenty minutes in the conference room.

PREPARATION TIME	RESPONSE TIME
00:00:45	00:00:45

実際のテストでは PREPARATION TIME と RESPONSE TIME は別の画面に表示されます。

If your computer is too old, too slow, and desperately in need of an upgrade — come to National Computers. Starting this Saturday, and while stocks last, you can save up to twenty-five percent on all popular brands. The sale includes desktop computers and notebooks, as well as fax machines, digital cameras, and printers. Hurry — this sale won't last long!

PREPARATION TIME	RESPONSE TIME
00:00:45	00:00:45

ETS

Questions 3-4: Describe a picture

Directions: In this part of the test, you will describe the picture on your screen in as much detail as you can. You will have 45 seconds to prepare your response. Then you will have 30 seconds to speak about the picture.

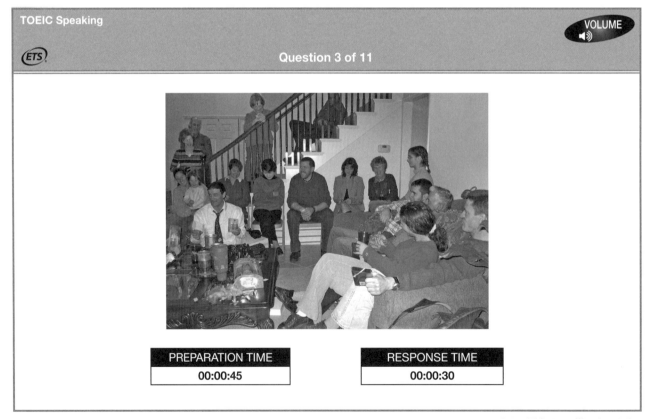

PREPARATION TIME	RESPONSE TIME
00:00:45	00:00:30

カラー写真は **p. xiii** にあります。

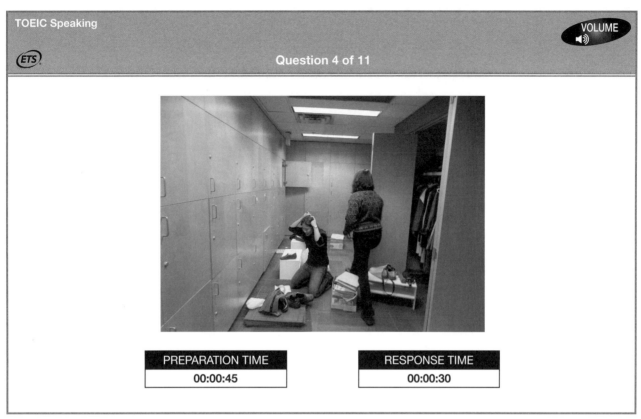

PREPARATION TIME
00:00:45

RESPONSE TIME
00:00:30

カラー写真は p. xiii にあります。

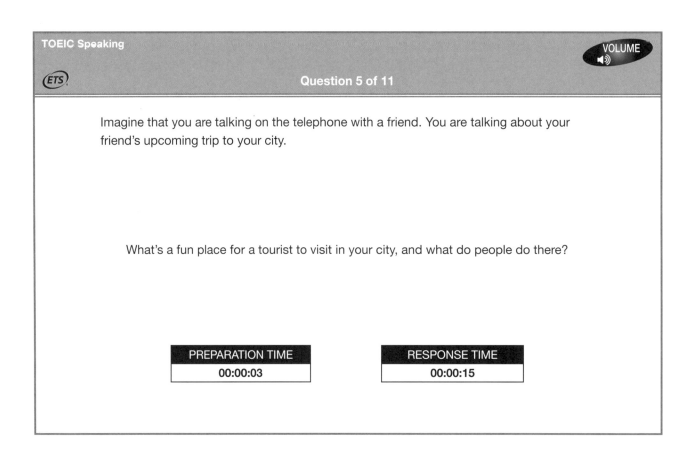

Imagine that you are talking on the telephone with a friend. You are talking about your friend's upcoming trip to your city.

That sounds like fun. How do I get there from the train station?

PREPARATION TIME	RESPONSE TIME
00:00:03	00:00:15

Imagine that you are talking on the telephone with a friend. You are talking about your friend's upcoming trip to your city.

Thanks. I'll need to eat, too. Could you describe a few places to eat lunch near that area?

PREPARATION TIME	RESPONSE TIME
00:00:03	00:00:30

ETS

Questions 8-10: Respond to questions using information provided

Directions: In this part of the test, you will answer three questions based on the information provided. You will have 45 seconds to read the information before the questions begin. You will have 3 seconds to prepare and 15 seconds to respond to Questions 8 and 9. You will hear Question 10 two times. You will have 3 seconds to prepare and 30 seconds to respond to Question 10.

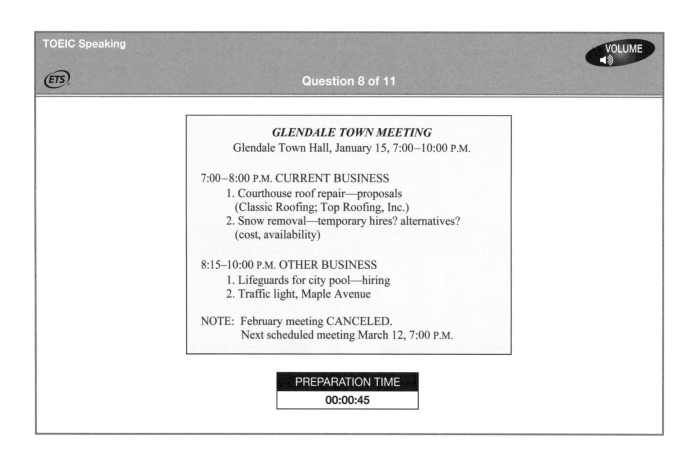

GLENDALE TOWN MEETING
Glendale Town Hall, January 15, 7:00–10:00 P.M.

7:00–8:00 P.M. CURRENT BUSINESS
  1. Courthouse roof repair—proposals
  (Classic Roofing; Top Roofing, Inc.)
  2. Snow removal—temporary hires? alternatives?
  (cost, availability)

8:15–10:00 P.M. OTHER BUSINESS
  1. Lifeguards for city pool—hiring
  2. Traffic light, Maple Avenue

NOTE: February meeting CANCELED.
    Next scheduled meeting March 12, 7:00 P.M.

PREPARATION TIME
00:00:45

VOLUME

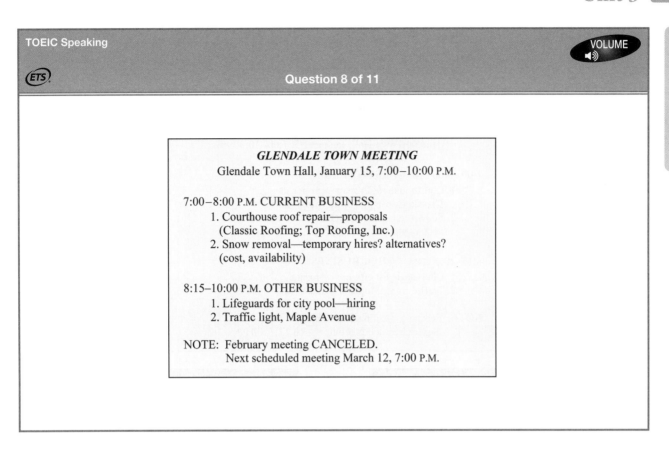

GLENDALE TOWN MEETING
Glendale Town Hall, January 15, 7:00–10:00 P.M.

7:00–8:00 P.M. CURRENT BUSINESS
    1. Courthouse roof repair—proposals
    (Classic Roofing; Top Roofing, Inc.)
    2. Snow removal—temporary hires? alternatives?
    (cost, availability)

8:15–10:00 P.M. OTHER BUSINESS
    1. Lifeguards for city pool—hiring
    2. Traffic light, Maple Avenue

NOTE: February meeting CANCELED.
    Next scheduled meeting March 12, 7:00 P.M.

TOEIC Speaking

Question 8 of 11

VOLUME

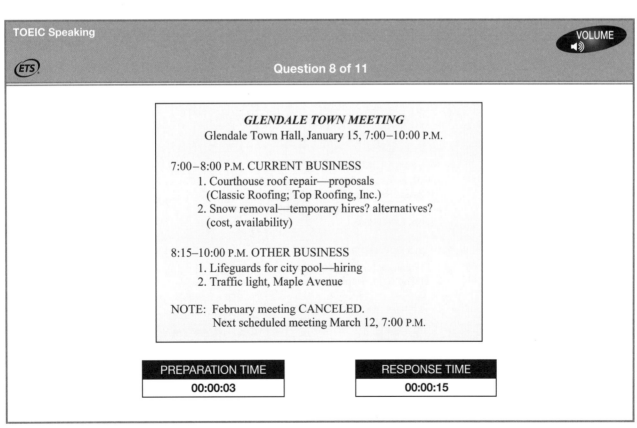

GLENDALE TOWN MEETING
Glendale Town Hall, January 15, 7:00–10:00 P.M.

7:00–8:00 P.M. CURRENT BUSINESS
    1. Courthouse roof repair—proposals
    (Classic Roofing; Top Roofing, Inc.)
    2. Snow removal—temporary hires? alternatives?
    (cost, availability)

8:15–10:00 P.M. OTHER BUSINESS
    1. Lifeguards for city pool—hiring
    2. Traffic light, Maple Avenue

NOTE: February meeting CANCELED.
    Next scheduled meeting March 12, 7:00 P.M.

PREPARATION TIME	RESPONSE TIME
00:00:03	00:00:15

実践テスト 1

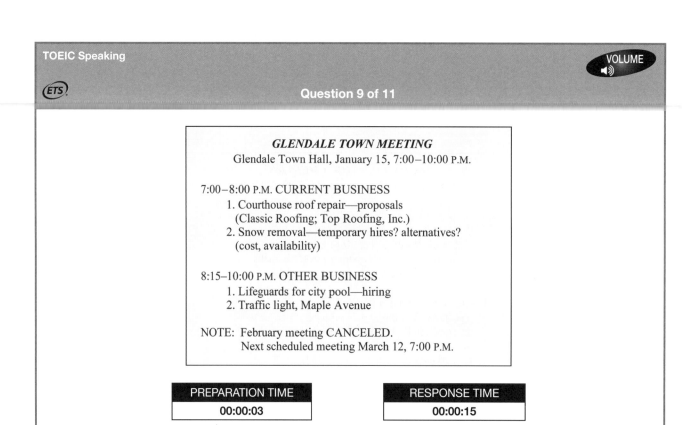

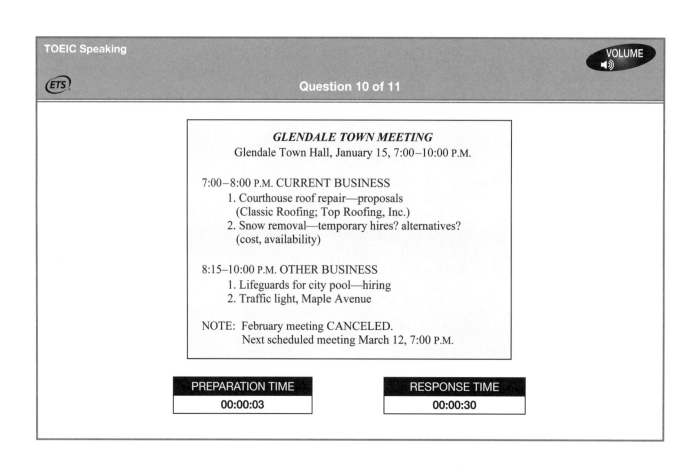

TOEIC Speaking

VOLUME

(ETS)

Question 11: Express an opinion

Directions: In this part of the test, you will give your opinion about a specific topic. Be sure to say as much as you can in the time allowed. You will have 45 seconds to prepare. Then you will have 60 seconds to speak.

TOEIC Speaking

VOLUME

(ETS)

Some people prefer to own a home. Others prefer to rent. Which do you think is better? Give reasons and examples to support your answer.

PREPARATION TIME
00:00:45

RESPONSE TIME
00:01:00

実践テスト 1

Writing Test

Writing Test Directions

This is the TOEIC Writing Test. This test includes eight questions that measure different aspects of your writing ability. The test lasts approximately one hour.

Question	Task	Evaluation Criteria
1-5	Write a sentence based on a picture	• grammar • relevance of the sentences to the pictures
6-7	Respond to a written request	• quality and variety of your sentences • vocabulary • organization
8	Write an opinion essay	• whether your opinion is supported with reasons and/or examples • grammar • vocabulary • organization

For each type of question, you will be given specific directions, including the time allowed for writing.

Click on **Continue** to go on.

TOEIC Writing

HELP ?   BACK ←   NEXT ⇒

HIDE TIME   00 : 09 : 00

Questions 1-5: Write a sentence based on the picture

Directions: In this part of the test, you will write ONE sentence that is based on a picture. With each picture, you will be given TWO words or phrases that you must use in your sentence. You can change the forms of the words and you can use the words in any order. Your sentences will be scored on

- the appropriate use of grammar and
- the relevance of the sentence to the picture.

In this part, you can move to the next question by clicking on **Next**. If you want to return to a previous question, click on **Back**. You will have 8 minutes to complete this part of the test.

Example

write / notebook

Sample response

The man is writing in a notebook.

This screen will move forward **automatically** in 60 seconds.

TOEIC Writing

HELP
?

BACK
←

NEXT
→

Question 1 of 5

HIDE TIME 00 : 08 : 00

Directions: Write ONE sentence based on the picture. Use the TWO words or phrases under the picture. You may change the forms of the words and you may use them in any order.

group / listen

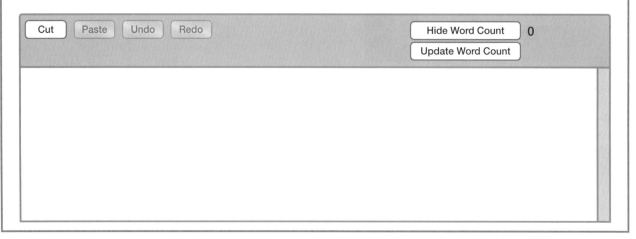

| Cut | Paste | Undo | Redo |

Hide Word Count 0
Update Word Count

カラー写真は **p. xiv** にあります。

Unit 3

TOEIC Writing

HELP
?

BACK
←

NEXT
→

ETS

Question 2 of 5

SHOW TIME

実践テスト 1

Directions: Write ONE sentence based on the picture. Use the TWO words or phrases under the picture. You may change the forms of the words and you may use them in any order.

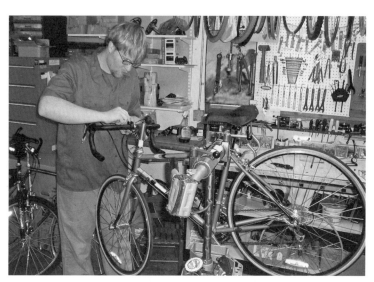

fix / bicycle

| Cut | Paste | Undo | Redo | | Hide Word Count | 0 |
| | | | | | Update Word Count | |

カラー写真は **p. xiv** にあります。

Directions: Write ONE sentence based on the picture. Use the TWO words or phrases under the picture. You may change the forms of the words and you may use them in any order.

sit / at

Cut	Paste	Undo	Redo		Hide Word Count	0
					Update Word Count	

カラー写真は **p. xv** にあります。

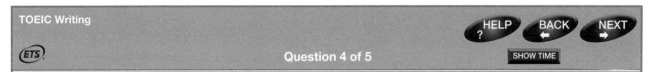
実践テスト 1

Directions: Write ONE sentence based on the picture. Use the TWO words or phrases under the picture. You may change the forms of the words and you may use them in any order.

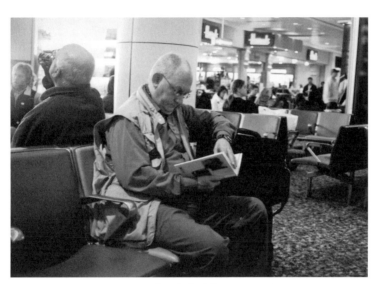

book / while

| Cut | Paste | Undo | Redo | | Hide Word Count | 0 |
| | | | | | Update Word Count | |

カラー写真は **p. xv** にあります。

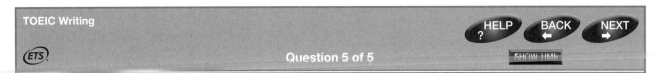
Directions: Write ONE sentence based on the picture. Use the TWO words or phrases under the picture. You may change the forms of the words and you may use them in any order.

taxi / until

Cut   Paste   Undo   Redo   Hide Word Count   0
                                                 Update Word Count

写真は **p. xvi** にもあります。

TOEIC Writing

CONTINUE　HELP ?

(ETS)

Questions 6-7: Respond to a written request

Directions: In this part of the test, you will show how well you can write a response to an e-mail. Your response will be scored on

- the quality and variety of your sentences,
- vocabulary, and
- organization.

You will have 10 minutes to read and answer each e-mail.

Click on **Continue** to go on.

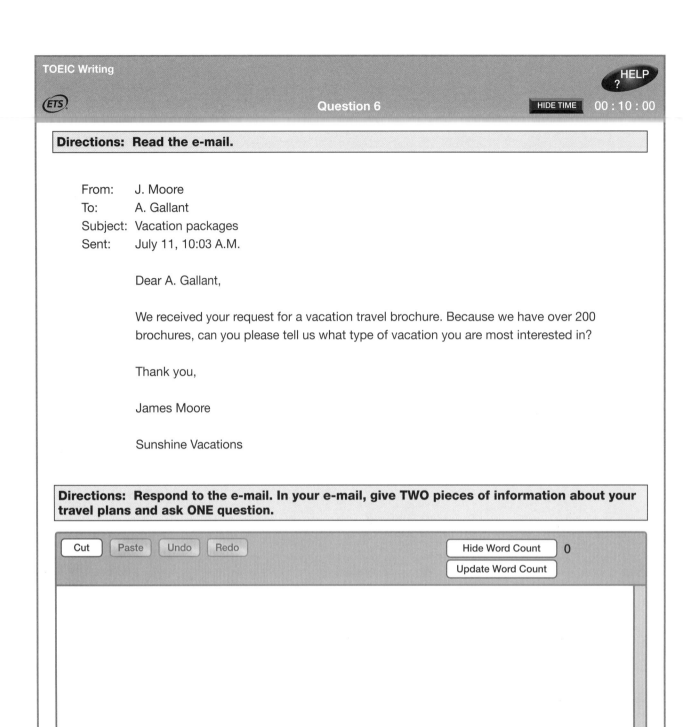

Directions: Read the e-mail.

From: J. Moore
To: A. Gallant
Subject: Vacation packages
Sent: July 11, 10:03 A.M.

Dear A. Gallant,

We received your request for a vacation travel brochure. Because we have over 200 brochures, can you please tell us what type of vacation you are most interested in?

Thank you,

James Moore

Sunshine Vacations

Directions: Respond to the e-mail. In your e-mail, give TWO pieces of information about your travel plans and ask ONE question.

Cut	Paste	Undo	Redo	Hide Word Count	0
				Update Word Count	

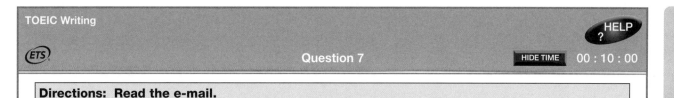

TOEIC Writing

(ETS)

Question 7

HIDE TIME   00 : 10 : 00

HELP
?

Directions: Read the e-mail.

From: H. Chen, Facilities manager
To: All departmental staff
Subject: Upcoming move
Sent: May 9, 8:54 A.M.

Everyone will be moving to new offices the week of June 12. You will have the same computer and phone number at your new workstation. Please let me know if you have questions or concerns about the upcoming move.

Directions: Respond to the e-mail as if you work for a company where H. Chen is the facilities manager. In your e-mail, ask TWO questions about the move and make ONE request.

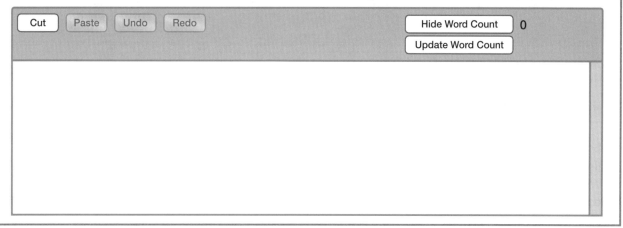

Cut	Paste	Undo	Redo		Hide Word Count	0
					Update Word Count	

Question 8: Write an opinion essay

Directions: In this part of the test, you will write an essay in response to a question that asks you to state, explain, and support your opinion on an issue. Typically, an effective essay will contain a minimum of 300 words. Your response will be scored on

- whether your opinion is supported with reasons and/or examples,
- grammar,
- vocabulary, and
- organization.

You will have 30 minutes to plan, write, and revise your essay.

Click on **Continue** to go on.

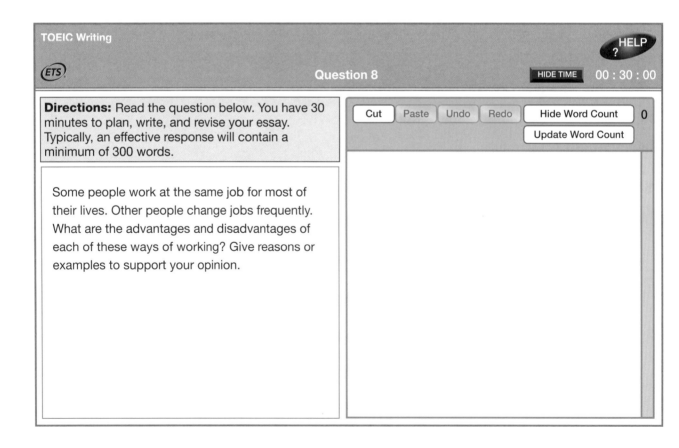

TOEIC Writing

HELP ?

(ETS)   **Question 8**   HIDE TIME   00 : 30 : 00

Directions: Read the question below. You have 30 minutes to plan, write, and revise your essay. Typically, an effective response will contain a minimum of 300 words.

Cut   Paste   Undo   Redo   Hide Word Count   0

Update Word Count

Some people work at the same job for most of their lives. Other people change jobs frequently. What are the advantages and disadvantages of each of these ways of working? Give reasons or examples to support your opinion.

実践テスト 2

Speaking Test

TOEIC Speaking

CONTINUE   VOLUME

(ETS)

Speaking Test Directions

This is the TOEIC Speaking Test. This test includes eleven questions that measure different aspects of your speaking ability. The test lasts approximately 20 minutes.

Question	Task	Evaluation Criteria
1-2	Read a text aloud	• pronunciation • intonation and stress
3-4	Describe a picture	all of the above, plus • grammar • vocabulary • cohesion
5-7	Respond to questions	all of the above, plus • relevance of content • completeness of content
8-10	Respond to questions using information provided	all of the above
11	Express an opinion	all of the above

For each type of question, you will be given specific directions, including the time allowed for preparation and speaking.

It is to your advantage to say as much as you can in the time allowed. It is also important that you speak clearly and that you answer each question according to the directions.

Click on **Continue** to go on.

TOEIC Speaking

VOLUME

(ETS)

Questions 1-2: Read a text aloud

Directions: In this part of the test, you will read aloud the text on the screen. You will have 45 seconds to prepare. Then you will have 45 seconds to read the text aloud.

TOEIC Speaking

VOLUME

(ETS)

In response to feedback from their flight attendants, Fleet Airlines has introduced a new uniform made of modern stretch fabrics to meet the needs of their active workforce. The cut of the new uniforms is roomier, the pockets are bigger, and the apron is longer and wider. However, the familiar red, green, and gold crest remains unchanged.

PREPARATION TIME	RESPONSE TIME
00:00:45	00:00:45

実際のテストでは PREPARATION TIME と RESPONSE TIME は別の画面に表示されます。

Thank you for calling the City Museum membership hotline. Members of the City Museum enjoy special benefits like free admission, a monthly newsletter, and discounts of up to twenty percent at the gift shop. In addition, if you sign up by March second, you will receive an invitation to the opening of our new exhibit, "Early Irish Folk Art."

PREPARATION TIME
00:00:45

RESPONSE TIME
00:00:45

実践テスト 2

Questions 3-4: Describe a picture

Directions: In this part of the test, you will describe the picture on your screen in as much detail as you can. You will have 45 seconds to prepare your response. Then you will have 30 seconds to speak about the picture.

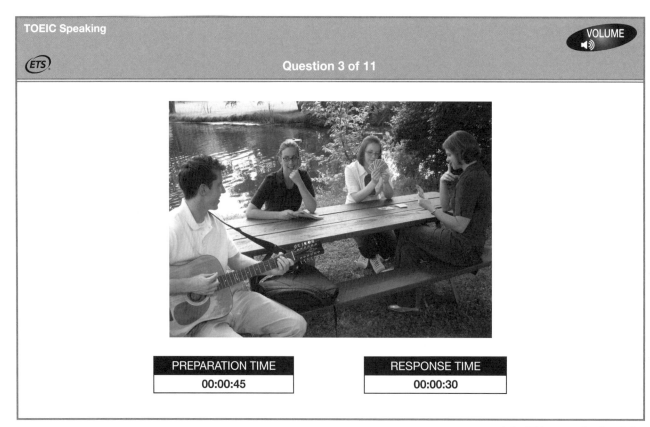

PREPARATION TIME	RESPONSE TIME
00:00:45	00:00:30

カラー写真は **p. xvii** にあります。

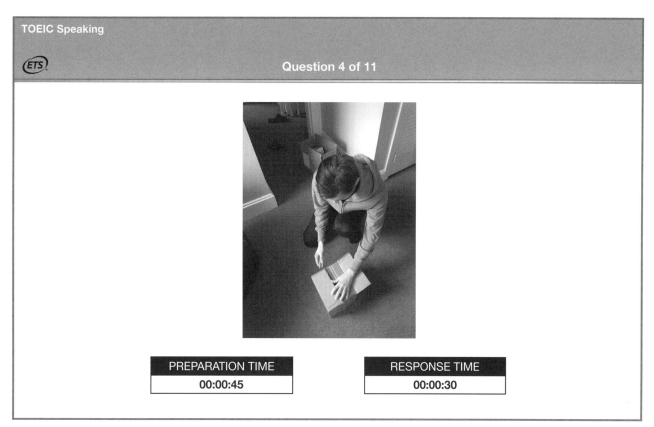

PREPARATION TIME
00:00:45

RESPONSE TIME
00:00:30

実践テスト 2

カラー写真は **p. xvii** にあります。

TOEIC Speaking

VOLUME

Questions 5-7: Respond to questions

Directions: In this part of the test, you will answer three questions. You will have 3 seconds to prepare after you hear each question. You will have 15 seconds to respond to Questions 5 and 6 and 30 seconds to respond to Question 7.

TOEIC Speaking

VOLUME

Question 5 of 11

Imagine that a colleague from overseas will be visiting your office. You are having a telephone conversation about her visit.

What's the weather like at this time of year?

PREPARATION TIME	RESPONSE TIME
00:00:03	00:00:15

TOEIC Speaking

VOLUME

Imagine that a colleague from overseas will be visiting your office. You are having a telephone conversation about her visit.

What kind of clothing do people wear to work at this time of year?

PREPARATION TIME	RESPONSE TIME
00:00:03	00:00:15

TOEIC Speaking

VOLUME

Imagine that a colleague from overseas will be visiting your office. You are having a telephone conversation about her visit.

If I needed to buy any clothing during my visit, where would you suggest I go, and why?

PREPARATION TIME	RESPONSE TIME
00:00:03	00:00:30

実践テスト 2

Questions 8-10: Respond to questions using information provided

Directions: In this part of the test, you will answer three questions based on the information provided. You will have 45 seconds to read the information before the questions begin. You will have 3 seconds to prepare and 15 seconds to respond to Questions 8 and 9. You will hear Question 10 two times. You will have 3 seconds to prepare and 30 seconds to respond to Question 10.

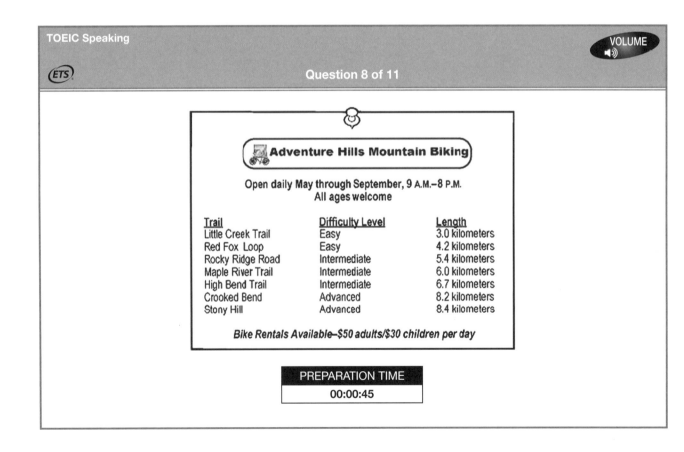

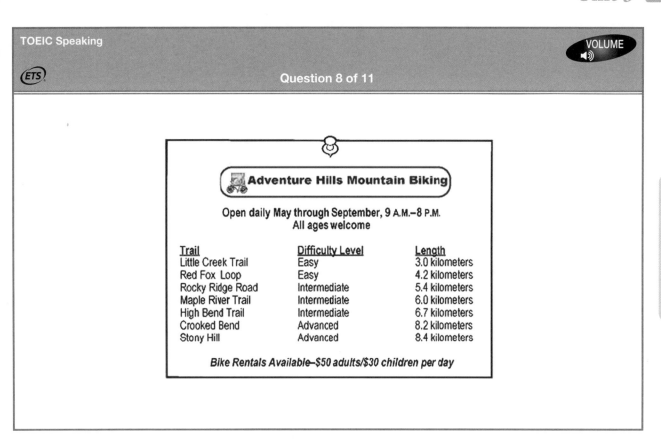

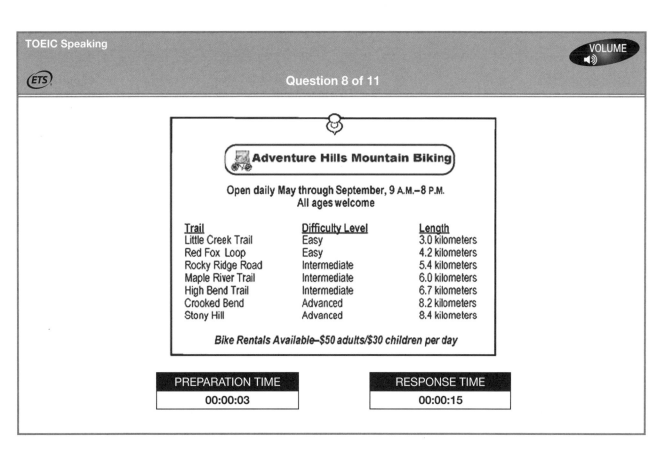

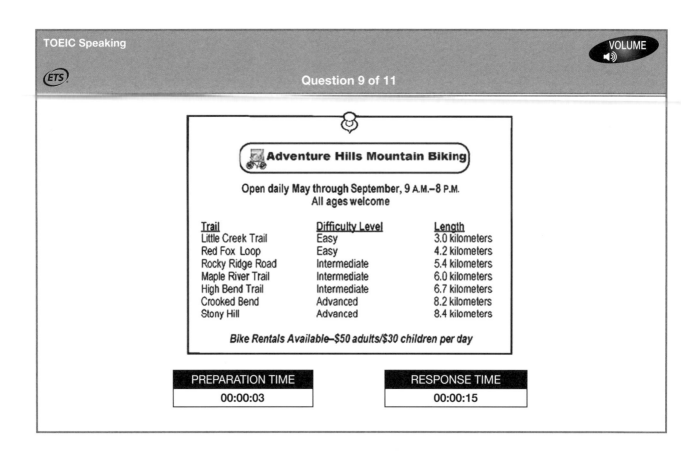

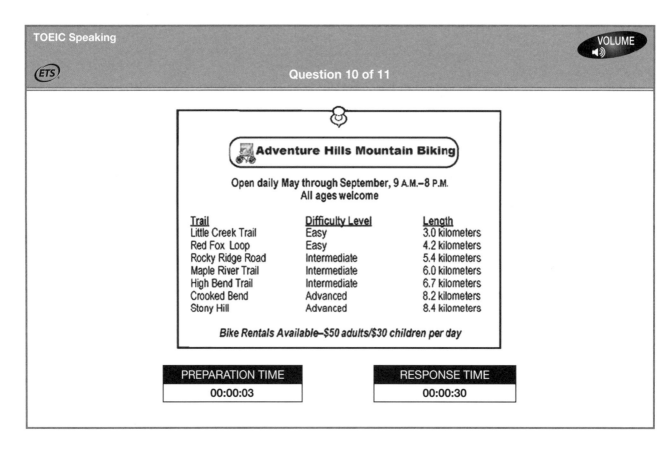

TOEIC Speaking

VOLUME

(ETS)

Question 11: Express an opinion

Directions: In this part of the test, you will give your opinion about a specific topic. Be sure to say as much as you can in the time allowed. You will have 45 seconds to prepare. Then you will have 60 seconds to speak.

TOEIC Speaking

VOLUME

(ETS)

Do you think children today have too many toys? Why or why not? Give reasons or examples to support your answer.

PREPARATION TIME	RESPONSE TIME
00:00:45	00:01:00

実践テスト 2

Writing Test

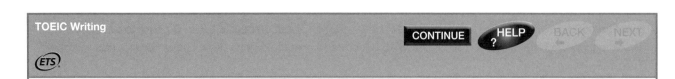

Writing Test Directions

This is the TOEIC Writing Test. This test includes eight questions that measure different aspects of your writing ability. The test lasts approximately one hour.

Question	Task	Evaluation Criteria
1-5	Write a sentence based on a picture	• grammar • relevance of the sentences to the pictures
6-7	Respond to a written request	• quality and variety of your sentences • vocabulary • organization
8	Write an opinion essay	• whether your opinion is supported with reasons and/or examples • grammar • vocabulary • organization

For each type of question, you will be given specific directions, including the time allowed for writing.

Click on **Continue** to go on.

TOEIC Writing

(ETS)

HELP
?

BACK

NEXT

HIDE TIME   00 : 09 : 00

Questions 1-5: Write a sentence based on the picture

Directions: In this part of the test, you will write ONE sentence that is based on a picture. With each picture, you will be given TWO words or phrases that you must use in your sentence. You can change the forms of the words and you can use the words in any order. Your sentences will be scored on

- the appropriate use of grammar and
- the relevance of the sentence to the picture.

In this part, you can move to the next question by clicking on **Next**. If you want to return to a previous question, click on **Back**. You will have 8 minutes to complete this part of the test.

Example

write / notebook

Sample response

The man is writing in a notebook.

This screen will move forward **automatically** in 60 seconds.

実践テスト2

TOEIC Writing

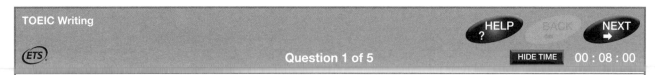

HELP
?

BACK

NEXT
➡

(ETS)

Question 1 of 5

HIDE TIME   00 : 08 : 00

Directions: Write ONE sentence based on the picture. Use the TWO words or phrases under the picture. You may change the forms of the words and you may use them in any order.

work / store

Cut	Paste	Undo	Redo			Hide Word Count	0
						Update Word Count	

カラー写真は **p. xviii** にあります。

Unit 3

TOEIC Writing

HELP
?

BACK
←

NEXT
→

Question 2 of 5

SHOW TIME

Directions: Write ONE sentence based on the picture. Use the TWO words or phrases under the picture. You may change the forms of the words and you may use them in any order.

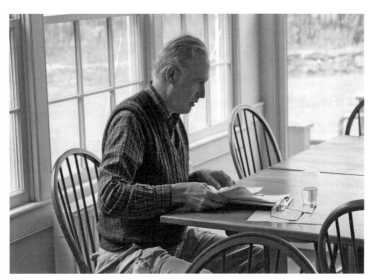

sit / and

| Cut | Paste | Undo | Redo | | Hide Word Count | 0 |

Update Word Count

カラー写真は **p. xviii** にあります。

実践テスト 2

TOEIC Writing

HELP
?

BACK
←

NEXT
→

(ETS)

Question 3 of 5

SHOW TIME

Directions: Write ONE sentence based on the picture. Use the TWO words or phrases under the picture. You may change the forms of the words and you may use them in any order.

bed / next to

Cut	Paste	Undo	Redo		Hide Word Count	0
					Update Word Count	

カラー写真は **p. xix** にあります。

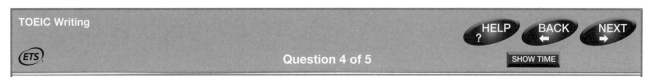

Directions: Write ONE sentence based on the picture. Use the TWO words or phrases under the picture. You may change the forms of the words and you may use them in any order.

until / train

| Cut | Paste | Undo | Redo | | Hide Word Count | 0 |
| | | | | | Update Word Count | |

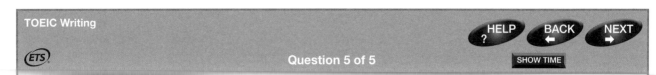
Directions: Write ONE sentence based on the picture. Use the TWO words or phrases under the picture. You may change the forms of the words and you may use them in any order.

measure / because

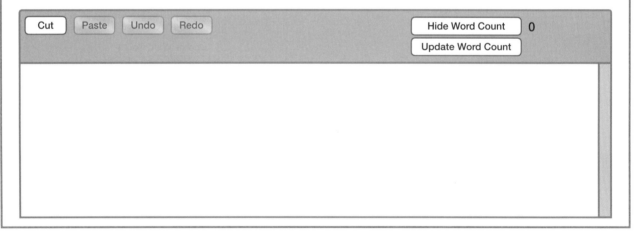

Cut	Paste	Undo	Redo		Hide Word Count	0
					Update Word Count	

カラー写真は **p. xx** にあります。

Questions 6-7: Respond to a written request

Directions: In this part of the test, you will show how well you can write a response to an e-mail. Your response will be scored on

- the quality and variety of your sentences,
- vocabulary, and
- organization.

You will have 10 minutes to read and answer each e-mail.

Click on **Continue** to go on.

Directions: Read the e-mail.

From: NChung@RayeTelecomm.com
To: JRawls@RayeTelecomm.com
Subject: Question about the office in Argentina
Sent: July 16, 9:20 A.M.

Hi Jeffrey,

I hope you're enjoying working in Argentina. I'm thinking about transferring from the branch office in New York to the facility where you're working. Please tell me about your coworkers and what it's like to work there.

Thanks!

Nathaniel

Directions: Respond to the e-mail as if you work at the branch office in Argentina. In your e-mail, give THREE pieces of information.

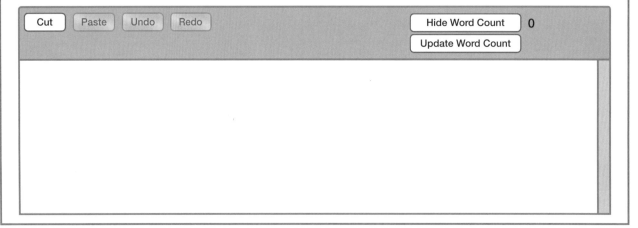

Cut	Paste	Undo	Redo		Hide Word Count	0
					Update Word Count	

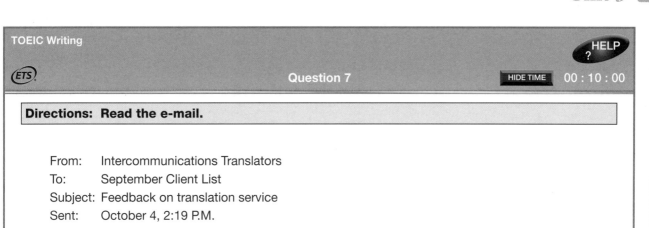

HELP
?

ETS

Question 7

HIDE TIME   00 : 10 : 00

実践テスト 2

Directions: Read the e-mail.

From: Intercommunications Translators
To: September Client List
Subject: Feedback on translation service
Sent: October 4, 2:19 P.M.

Your company recently used our language translation and interpreting service. Thank you for choosing our company to serve you. We are eager to hear about your experience with our translators. If you had any problems, or have any requests for the future, please let us know.

Directions: Respond to the e-mail as if your company used the translation service. In your e-mail, give ONE piece of information, describe ONE problem, and make ONE request.

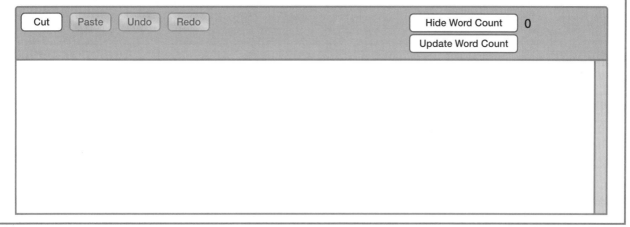

| Cut | Paste | Undo | Redo |

Hide Word Count   0
Update Word Count

Question 8: Write an opinion essay

Directions: In this part of the test, you will write an essay in response to a question that asks you to state, explain, and support your opinion on an issue. Typically, an effective essay will contain a minimum of 300 words. Your response will be scored on

- whether your opinion is supported with reasons and/or examples,
- grammar,
- vocabulary, and
- organization.

You will have 30 minutes to plan, write, and revise your essay.

Click on **Continue** to go on.

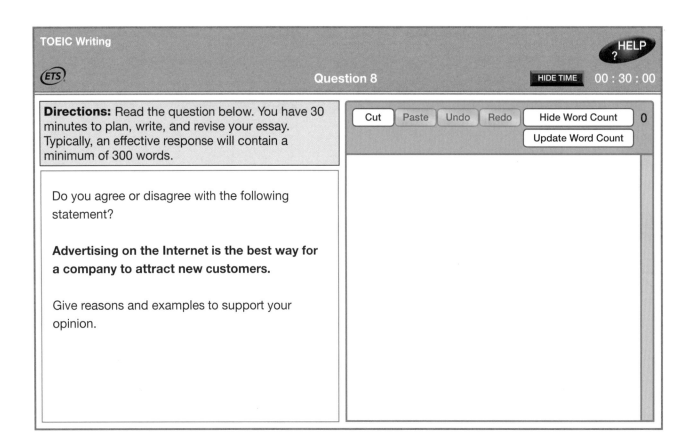

Directions: Read the question below. You have 30 minutes to plan, write, and revise your essay. Typically, an effective response will contain a minimum of 300 words.

Cut   Paste   Undo   Redo   Hide Word Count   0
Update Word Count

Do you agree or disagree with the following statement?

Advertising on the Internet is the best way for a company to attract new customers.

Give reasons and examples to support your opinion.

MEMO

実践テスト 1　解答例・訳

Speaking Test

＊設問ごとのDirectionsの訳は、Unit 2 で確認してください。

Question 1

 （英文はp.212でご確認ください。）

訳　こんばんは。そしてDelaware書店にご来店いただきありがとうございます。書籍の販売に加えて、Delaware書店では店に著者をお招きしているのをご存じでしたか。今夜は、*Sunrise*の著者、James Franklinさんにお越しいただいていることをお知らせできてうれしいです。Franklinさんはご自身の著書について詳しく話し、質問に答え、本にサインをしてくださる予定です。Franklinさんの講演は、20分後に会議室で始まります。

Question 2

 （英文はp.213でご確認ください。）

訳　もしあなたのコンピューターがあまりにも古くて遅く、何としてもバージョンアップが必要でしたら、National Computersにいらしてください。今週の土曜日から在庫がある間は、すべての人気ブランドが最大25%お得になります。セールには、ファクスやデジタルカメラ、プリンターばかりでなく、デスクトップ・コンピューターとノートパソコンも含まれます。お急ぎください。このセールは長くは続きません。

Question 3

It looks like a number of people are gathered at someone's house for a birthday celebration or for a holiday. The people are of all different ages; there are some children, some adults, and some older people. They are probably a family and maybe some close friends. Everyone is smiling and having a good time at this celebration. There may not be enough chairs, because there are people sitting and standing on the stairs as well.

解答例・訳

たくさんの人々が、誕生日のお祝いか、あるいは休暇で誰かの家に集まっているようです。その人たちはさまざまな年齢層で、数人の子どもたち、大人たち、そしてお年寄りたちがいます。彼らはおそらく家族と、親しい友人かもしれません。みんな笑っていて、このお祝いの会を楽しんでいます。いすが不足しているのでしょう。なぜなら、階段に座ったり立ったりしている人たちもいるからです。

Question 4

Uh... There are two women in this picture. Ah, one of the women is kneeling on the floor. She is touching her head. The other woman is walking away. There are a lot of boxes on the floor. There is also a closet with some clothes in it. I can see inside because the closet doors are open.

解答例・訳

ええと、この写真には2人の女性がいます。女性のひとりは床に膝をついています。彼女は自身の頭を触っています。別の女性は歩いています。床には箱がたくさんあります。服がいくつか入っているクローゼットもあります。クローゼットのドアが開いているので、中を見ることができます。

Questions 5-7

設問・訳　電話で友人と話していると想像してください。あなたの友人がもうすぐ旅行であなたの街へ来ることについて話しています。

Question 5

設問・訳　あなたの街で、観光客が訪れて楽しめる場所はどこですか。また、人々はそこで何をしますか。

解答例 75	解答例・訳
There is a very interesting science museum downtown. At the museum, people like to view the exhibits — the one about sea animals is especially popular.	中心街にとてもおもしろい科学博物館があります。その博物館で、人々は展示物を見るのが好きです。海洋動物についての展示は特に人気があります。

Question 6

設問・訳　それはおもしろそうですね。列車の駅からそこへはどう行ばいいですか。

解答例 76	解答例・訳
A public bus runs from the station to the science museum. I think it's the number 54 bus. You can also walk from the station to the museum in about ten or fifteen minutes.	公共のバスが駅から科学博物館まで走っています。54番のバスだと思います。駅から博物館まで10分か15分くらいで歩いていくこともできます。

Question 7

設問・訳　ありがとう。食事もする必要があります。その地域の近くで昼食を食べられる場所を2、3教えてくれますか。

解答例 77	解答例・訳
The museum has its own restaurant, so you could just eat there if you want. They serve dishes like fish and pasta, and the food is good, but it's kind of expensive. If you'd rather save some money, there's an affordable sandwich shop nearby called Owen's Deli. They have good meat and vegetarian options.	博物館のレストランがあるので、もしよければ、そこで食べることができるでしょう。魚やパスタなどの料理を出していて、食事はおいしいですが、価格が少し高いです。お金を節約する方がよければ、Owen's Deliという手ごろな価格のサンドイッチ店が近くにあります。おいしい肉とベジタリアンのメニューがあります。

実践テスト 1

解答例・訳

257

Questions 8-10

> ### GLENDALE町民会議
> Glendale公会堂、1月15日、午後7時〜10時
>
> 午後7時〜8時　既存の案件
> 　　　　1. 裁判所の屋根の修繕―提案書
> 　　　　　（Classic Roofing社、Top Roofing社）
> 　　　　2. 除雪―臨時雇用かその他の案
> 　　　　　（費用、人材の可能性）
>
> 午後8時15分〜10時　その他の案件
> 　　　　1. 市営プールの監視員の雇用
> 　　　　2. Maple大通りの信号
>
> 注意事項：2月の会議は中止
> 　　　　　次に予定されている会議は3月12日、午後7時

トランスクリプト

Hello, I'm planning to attend the January township meeting, but I don't have the information I need.

Question 8

When does it start, and when will repairing the courthouse roof come up?

解答例 78

The town meeting begins at 7:00 P.M. A discussion of the courthouse roof is the first thing on the agenda.

Question 9

Oh, and the next meeting, in February, it's on the 15th, right?

解答例 79

No, we won't be having a meeting in February this year. The next scheduled meeting will be on March 12.

Question 10

So in this January meeting, what else is on the agenda?

Now listen again.

So in this January meeting, what else is on the agenda?

解答例 80

From 7:00 to 8:00 we'll discuss current business, including snow removal in our town. Regarding snow removal, we'll be talking about hiring temporary workers or alternative plans, including the cost and availability of the different options. From 8:15 to 10:00 we'll discuss two other items: hiring lifeguards for the city pool and the traffic light on Maple Avenue.

訳

もしもし、私は1月の町民会議に出席するつもりなのですが、必要な情報がありません。

Question 8
会議はいつ始まりますか。また、裁判所の屋根の修繕はいつ話し合われますか。

解答例・訳
町民会議は午後7時に始まります。裁判所の屋根についての話し合いは議題の最初にあります。

Question 9
ああ、それからその次の会議は2月で、15日ですよね？

解答例・訳
いいえ、今年は2月には会議を開催しません。次に予定されている会議は3月12日です。

Question 10
ではこの1月の会議では、ほかに何の議題がありますか。

ではもう一度聞いてください。

ではこの1月の会議では、ほかに何の議題がありますか。

解答例・訳
7時から8時までは、既存の案件について話し合う予定で、それには町内の除雪も含みます。除雪に関しては、さまざまな選択肢の費用や実行しやすさも含め、臨時職員の雇用、あるいは代替案について話し合うことになっています。8時15分から10時までは、ほかの2つの項目について話し合う予定です。市営プールに監視員を雇うことと、Maple大通りの信号についてです。

Question 11

設問・訳 家を所有することを選ぶ人もいますし、借りることを選ぶ人もいます。あなたはどちらがよりよいと思いますか。理由や例を示して、自分の意見を裏付けてください。

解答例 81

For me, I prefer to rent housing. It's the most logical choice for my lifestyle, because renting gives me more flexibility. If I'm offered a better job opportunity in another location, I don't want to have to worry about selling my current home and then finding another one in a new city. If I want to move closer to family or friends or try out living in a new part of town, it will just be a matter of finding another rental, and I won't regret putting money into a home that I then have to sell. Plus, if my lifestyle changes — for example, if I get married and have children — it will be easy for me to make a housing arrangement change. That's why I think renting is the best choice, both for convenience and for financial reasons.

解答例・訳

私について言えば、住居を借りる方を選びます。私の生活スタイルにはそれが最も論理的な選択です。なぜなら、借りる方がより融通性を私に与えてくれるからです。もし別の土地でのよりよい仕事のチャンスを提示されたら、今の家を売ることや、その後新しい街に別の家を見つけることを心配しなければならないのは嫌です。もし家族や友人の近くに住みたい、あるいは町の別の場所に住んでみたいと思ったら、別の賃貸物件を見つければいいだけのことで、後で売却しなければならない家にお金をつぎ込んだことを後悔することもないでしょう。さらに、もし私の生活スタイルが変わったら、例えば結婚して子どもをもったとしたら、住居の手配を容易に変更できるでしょう。それが、利便性と経済的理由の両方から、家を借りることが最良の選択だと私が考える理由です。

実践テスト 1 解答例・訳

Writing Test

Question 1

解答例　People are standing in a group, listening to someone give a speech or perhaps lead a tour in the park.

解答例・訳　人々が集まって立ち、ある人が話しているか、またはおそらく公園でツアーを引率しているのを聞いています。

Question 2

解答例　He is fixing the broken bicycle for a customer.

解答例・訳　彼は客のために壊れた自転車を修理しているところです。

Question 3

解答例　The woman sits at her desk and reads her e-mails.

解答例・訳　女性は自分の机のところに座って、Eメールを読みます。

Question 4

解答例　A man was reading his book at the airport while he waited to board his flight.

解答例・訳　男性は飛行機へ搭乗するのを待っている間、空港で本を読んでいました。

Question 5

解答例　Taxis wait in line outside a hotel until they pick up passengers.

解答例・訳　タクシーは客を乗せるまで、ホテルの外で並んで待ちます。

Question 6

Directions: メールを読みなさい。

差出人： J. Moore
宛先： A. Gallant
件名： 休暇のパッケージツアー
送信日時：7月11日　午前10:03

A. Gallant 様

貴殿より休暇旅行のパンフレットのご依頼を承りました。弊社には200を超えるパンフレットがありますので、どのようなタイプの休暇に最も興味がおありかお知らせいただけますか。

よろしくお願いいたします。

James Moore

Sunshine Vacations

Directions: 返信メールを書きなさい。メールの中で、旅行の予定について情報を2つ与え、質問を1つすること。

解答例	解答例・訳
Hi Mr. Moore,	こんにちは、Mooreさん
I have three children, so I am most interested in vacations that cater to families. While we do not have a specific destination in mind, I would prefer a vacation spot that requires no more than a three-hour flight. One of my children is very young, and she does not travel very happily on airplanes. My main priority is finding a resort that offers activities children might like, such as swimming or playing outside. I'd like to know if you have any family packages that fit this description. I look forward to receiving more details about vacation packages from you soon.	私には3人の子どもがいるので、家族を対象にした休暇に最も関心があります。特定の目的地を考えてはいませんが、飛行機で3時間もかからない休暇地を希望します。子どもたちのうちのひとりはとても小さく、彼女は飛行機ではあまり喜んで旅行しません。私の主な優先事項は、泳いだり外で遊んだりといった、子どもたちが好きそうなアクティビティを提供してくれるリゾート地を見つけることです。このような希望に合った家族向けのパッケージがあるかどうか知りたいです。近いうちにあなたから休暇のパッケージツアーについてのさらに詳しい情報を受け取るのを心待ちにしております。
Thanks for your help, A. Gallant	どうぞよろしくお願いします。 A. Gallant

Question 7

Directions／Eメール・訳

Directions: メールを読みなさい。

差出人：	H.Chen、施設担当部長
宛先：	部署の全職員
件名：	今度の移転について
送信日時：	5月9日　午前8:54

6月12日の週には、全員が新しいオフィスに移ることになっています。新しい職場でも同じコンピューターと電話番号を使います。今度の移転について、疑問や気になる点があればお知らせください。

Directions: H.Chenが施設担当部長を務める会社であなたが働いているつもりで返信メールを書きなさい。メールの中では、移転について質問を2つし、依頼を1つすること。

解答例	解答例・訳
Hello, Mr. Chen, I am excited about moving to the new office, and I appreciate all that your department is doing to make this move easy for us. However, I also have a few questions about the move. Will boxes be made available for transporting our personal belongings, or do we have to bring our own boxes from home? Also, can I take my office chair with me? I requested this one specifically last year. It's really comfortable, and I'd prefer not to lose it. I have one request, as well: if possible, I would really like for my office move to be scheduled early in the week of June 12, like on Monday or Tuesday. I have a big meeting that Thursday, and I hope to be settled in my new office before the meeting. Thanks again, Miho	こんにちは、Chenさん 私は新しいオフィスへの移転を楽しみにしていますし、私たちが移動しやすいように貴部署がしてくれていることすべてに感謝します。しかし、移転について2、3の質問もあります。私たちの身の回りの物を運ぶための箱は利用できるのでしょうか。それとも自宅から自分の箱を持ってこなければならないのでしょうか。また、私の事務いすも一緒に持っていってよいでしょうか。このいすは昨年、私が特別に頼んだものです。非常に快適なので、手放したくないのです。 お願いしたいこともひとつあります。可能であれば、ぜひ私のオフィスの移転を月曜日、あるいは火曜日など、6月12日の週の早いうちに予定していただきたいのです。その週の木曜日に重要な会議があるので、その会議の前に、新しいオフィスに落ち着きたいと思っております。 あらためてよろしくお願いします。 Miho

Question 8

人生の大半を同じ仕事をして過ごす人がいます。頻繁に転職する人もいます。こういったそれぞれの働き方の利点と欠点は何でしょうか。理由や例を示して、自分の意見を裏付けなさい。

解答例

The primary advantage of remaining at the same job for most of one's life is stability. One who stays at a company for decades knows exactly what to expect and what is expected. This knowledge enables one to consistently achieve success. For example, my father worked for the same company for nearly fifty years. He was able to move steadily up the ladder of success, because he knew precisely what the manager expected him to produce. He was also able to plan for our family's needs, since the company provided a stable salary and benefits package and he was never between jobs. My father is a practical person who doesn't mind getting into a routine as long as all the practical considerations are in order, so he enjoyed the stability that his job provided.

However, someone with a different personality may not have enjoyed my father's type of career path. While some consider stability to be a positive aspect of a career, others prefer the excitement of change, risk-taking, and exploring new possibilities. For that person, changing jobs frequently keeps life interesting, and thus stability is willingly sacrificed in exchange for the excitement of new prospects. My best friend provides a good example of this personality type. As a musician, he is constantly seeking out new jobs, both in the music industry and outside of it. He loves learning new things, which he says fuels his musical creativity. That may be the case, but it is also the case that he has very little stability in his life: his salary fluctuates constantly; he has had to move several times for work; and he has had to undergo long training periods to learn the skills required for the new jobs. However, in the face of such difficulties, he reminds himself that he would be miserable staying at the same job for more than a few years.

Another advantage of staying at the same job for most of one's career is the opportunity to build strong relationships with coworkers. When individuals spend the better part of the week together for years and years, they are likely to become friends. The longer one stays at a job, the more likely one is to create such friendships, which tend to make one's work easier and more pleasant. But as with stability, building strong relationships is not in fact an advantage for one who prefers to have lots of acquaintances rather than a few close friends. People like that may change jobs frequently so that they can constantly meet new people and expand their networks.

解答例・訳

人生の大半を同じ仕事のままで過ごす主な利点は安定性です。ひとつの会社に数十年間いる人は、期待すべきことと、期待されていることをきちんとわかっています。これを理解していることによって、人は堅実に成功を収めることができます。例えば、私の父は同じ会社におよそ50年間勤めました。彼は着実に出世の階段をのぼることができました。なぜなら、上司が彼に何を生み出すことを期待しているか正確に理解していたからです。私たち家族の必要なことのために彼が計画を立てることもできたのは、会社が安定した給与と福利厚生を提供し、失業することがなかったからです。私の父は業務にあたる上で配慮すべき点がきちんとしている限り、決まりきった仕事をすることをいとわない実務的な人間なので、仕事によって与えられた安定性を享受しました。

しかし、違った性格の人は、父のような職歴の形をよしとしなかったかもしれません。安定性をキャリアの肯定的な一面だと考える人がいる一方で、変化やリスクを負うこと、新しい可能性の追求による刺激を好む人もいます。そういった人にとって、頻繁に転職をすることで人生がおもしろくなり続け、従って安定性は新しい可能性の刺激と引き換えに積極的に犠牲にされるでしょう。私の親友はこの性格タイプの好例です。音楽家として、音楽業界とその他の業界の両方で、彼は常に新しい仕事を求めています。新しいことを学ぶのが大好きで、それが彼の音楽的な創造性を刺激すると彼は言います。それは事実かもしれませんが、彼の人生がほとんど安定していないというのも事実です。彼の給料は常に変動し、仕事のために何度も引っ越さなくてはならず、また、新しい仕事で必要とされる能力を身につけるために長い訓練期間を耐えなければならないこともありました。しかし、このような苦難に直面すると彼は、2、3年以上同じ仕事につくのはみじめだろうと自分自身に言い聞かせるのです。

キャリアのほとんどの間、同じ仕事に就くことのもうひとつの利点は、同僚たちと強固な関係を築くチャンスです。人々が長年にわたって1週間の大半を一緒に過ごせば、彼らは友人になるでしょう。ひとつの仕事に就いている期間が長いほど、このような友情をはぐくむ可能性は高くなり、その友情によって仕事はより容易で、より快適なものになる傾向があります。しかし安定性と同様に、強固な関係を築くことは、2、3人の親しい友人よりも多くの知り合いがいる方を好む人にとって実際は利点ではありません。そのような人は仕事を頻繁に変えるかもしれません。そうすることで常に新しい人と出会い、人脈を広げることができます。

When one is able to choose whether to remain at the same job for years or change jobs frequently, one finds that both choices have advantages and disadvantages, and the decision depends on one's personality. Some will opt to remain at the same job for years to enjoy the advantages of stability and close relationships with coworkers, despite the possible disadvantage of boredom. By changing jobs frequently, others will trade in security and stability in favor of encountering exciting new opportunities and the thrill of meeting new people.

長年同じ仕事に就いたままでいるか、頻繁に転職するかを選ぶことができるとき、人はどちらの選択肢にも利点と欠点があると理解し、判断はその人の性格によります。退屈という欠点が予想されるにもかかわらず、安定性と同僚との親密な関係がもたらす利点を享受するために、長年同じ仕事にとどまることを選ぶ人もいるでしょう。頻繁に転職することで、わくわくするような新しいチャンスとの遭遇や新しい人々と出会うスリルを選び、引き換えに安心や安定性を手放す人もいるでしょう。

実践テスト2 解答例・訳

Speaking Test

＊設問ごとのDirectionsの訳は、Unit 2で確認してください。

Question 1

  （英文はp.234でご確認ください。）

訳 客室乗務員からの意見に応えて、Fleet Airlinesは、動きの多い従業員たちのニーズに合うように、最新のストレッチ素材でできた新しい制服を導入しました。新しい制服の裁ち方にはゆとりがあり、ポケットが大きく、さらにエプロンは長く、かつ幅広くなりました。しかし、おなじみの赤、緑、金の紋章は変わらないままです。

Question 2

  （英文はp.235でご確認ください。）

訳 市立博物館の会員用ホットラインにお電話いただきありがとうございます。市立博物館の会員の方々は、無料での入場や月刊のニュースレター、それにギフトショップで最大20%の割引といった特典をご利用になれます。さらに、3月2日までにご登録いただくと、当館の新しい展覧会、「初期のアイルランド民族芸術」の初日への招待状をお受け取りになれます。

Question 3

I see four people sitting outside on a beautiful summer day. There is a pond in the background reflecting sunlight and trees, and you can see that the water is rippling from a light breeze. All of the people are rather young. Perhaps they are university students relaxing outside the dorms on campus, because they look so young and carefree. Two of them are playing a game.

解答例・訳

美しい夏の日に、屋外に座っている4人が見えます。背後には日光や木々を映している池があり、そよ風で水面にさざ波が立っているのが見えます。人々は全員かなり若いです。おそらく彼らはキャンパス内の寮の外でくつろいでいる大学生でしょう。なぜなら、彼らは非常に若くて屈託なく見えるからです。彼らのうちの2人はゲームをしています。

Question 4

It looks like a photo of a man opening a box. He's on the floor, and he has a yellow knife in his hand. He's cutting open the box with the knife. Behind him, there's another box in the doorway. That one has already been opened.

解答例・訳

箱を開けている男性の写真のようです。彼は床にいて、手に黄色いナイフを持っています。彼はそのナイフで切って箱を開けています。彼の後ろには、出入り口のところに別の箱があります。その箱はすでに開けられています。

Questions 5-7

> **設問・訳** 海外から同僚があなたの事務所を訪ねてくることになっていると想像してください。あなたは彼女の訪問について電話で話しています。

Question 5

> **設問・訳** この季節の気候はどうですか。

86	**解答例・訳**
The weather in Tokyo in July is usually sunny and very hot and humid. Sometimes there are storms.	東京の7月の天気はたいてい晴れていて非常に暑く、蒸しています。ときには嵐にもなります。

Question 6

> **設問・訳** この季節に、人々はどんな種類の服を仕事に着ていきますか。

87	**解答例・訳**
Some people dress a little more casually than usual since it's so hot. For example, most men do not wear neckties, and women sometimes wear short-sleeved shirts.	とても暑いので、いつもより少しカジュアルな装いをする人もいます。例えば、大半の男性はネクタイをせず、女性はときに半そでのシャツを着ます。

Question 7

> **設問・訳** 私が滞在中に何か衣服を買う必要があるとしたら、どこへ行くように勧めますか。また、それはなぜですか。

88	**解答例・訳**
I would suggest a clothing store called Dress Town. The shop sells good-quality clothing that is both fashionable and functional. It's not quite as cheap as what you could find in other stores, but I think the clothes are worth the price. And also, you can get to it quite easily using the metro.	私はDress Townという洋服店をお勧めします。その店は、おしゃれでもあり機能的でもある、質のいい衣服を売っています。ほかの店で見つけられるものほど安いわけではありませんが、その店の服は価格に値すると思います。それに、そこへは地下鉄を使ってとても簡単に行けます。

実践テスト2 解答例・訳

Questions 8-10

資料・訳

> **Adventure Hills でマウンテンバイクトレイル**
> ５月から９月まで毎日営業、午前９時〜午後８時
> 何歳でも歓迎
>
> | コース | 難易度 | 距離 |
> |---|---|---|
> | Little Creek Trail | 初級 | 3.0 km |
> | Red Fox Loop | 初級 | 4.2 km |
> | Rocky Ridge Road | 中級 | 5.4 km |
> | Maple River Trail | 中級 | 6.0 km |
> | High Bend Trail | 中級 | 6.7 km |
> | Crooked Bend | 上級 | 8.2 km |
> | Stony Hill | 上級 | 8.4 km |
>
> 自転車レンタル可　１日あたり大人50ドル、子ども30ドル

トランスクリプト

Hi, this is Anthony Underhill. I'm planning to take my family biking this weekend. I have a map of the area, but I need some more information.

Question 8

We don't have our own bikes. How much does it cost to rent them?

解答例 89

It costs $50.00 per day for adults but only $30.00 per day for children.

Question 9

My younger son is not a very experienced biker. Will he be able to do the Red Fox Loop?

解答例 90

Yes, I think he will be able to do it. Red Fox Loop is actually an easy trail.

Question 10

My older daughter would like to try something more difficult. Can you tell me about the advanced-level trails?

Now listen again.

My older daughter would like to try something more difficult. Can you tell me about the advanced-level trails?

解答例 91

Yes, I can. There are two advanced trails. One is called Stony Hill, and it is 8.4 kilometers long. The other is called Crooked Bend, and that one is 8.2 kilometers long.

訳

もしもし、Anthony Underhillと申します。今週末、家族をサイクリングに連れていくつもりです。その地域の地図を持っていますが、もっと情報が必要なのです。

Question 8

私たちは自分たちの自転車を持っていません。自転車を借りるにはいくらかかりますか。

解答例・訳

大人は１日あたり50ドルかかりますが、子どもは１日あたり30ドルだけです。

Question 9

小さい方の息子はあまり自転車に乗ることに慣れていません。彼はRed Fox Loopを走れるでしょうか。

解答例・訳

ええ、走れると思います。Red Fox Loopは実のところ、簡単なコースです。

Question 10

大きい方の娘が何かもっと難しいことをしたいと思っています。上級レベルのコースについて教えてくれますか。

ではもう一度聞いてください。

大きい方の娘が何かもっと難しいことをしたいと思っています。上級レベルのコースについて教えてくれますか。

解答例・訳

ええ、いいですよ。上級コースは２つあります。ひとつはStony Hillといって、8.4キロの距離です。もうひとつはCrooked Bendといって、そちらの方は8.2キロの距離です。

Question 11

設問・訳 今日の子どもたちは、おもちゃを多く持ちすぎていると思いますか。なぜそう思いますか、またはなぜそう思いませんか。理由や例を示して、自分の意見を裏付けてください。

解答例   92

No, I don't think children have too many toys nowadays. I actually think playing with toys is a great way to stimulate a child's interests. What I mean is that a person can develop lifelong hobbies and interests from their favorite childhood toys. For example, a kid who has many building toys–like construction sets and wooden blocks–could become interested in learning about construction or woodworking when he or she is old enough. Doing small building projects could then turn into a rewarding hobby throughout his or her whole life, or the interest could even develop into a career in architecture or engineering. Some may say that toys spoil children or ruin their creativity, but I think, on the contrary, that toys actually stimulate creativity and inspire children.

解答例・訳

いいえ、私は最近の子どもたちがおもちゃを多く持ちすぎているとは思いません。私は実は、おもちゃで遊ぶことは子どもの興味を刺激するすばらしい方法だと考えています。私が言いたいのは、人は子どもの頃のお気に入りのおもちゃから、生涯の趣味や興味を発展させることができるということです。例えば、建築セットや木のブロックなど組み立てるおもちゃをたくさん持っている子どもは、その子が十分な年齢になった頃に、建設や木工業について学ぶことに興味をもつようになるかもしれません。ささやかな建設プロジェクトを行うことがその後、その子の生涯を通じてやりがいのある趣味に変わるかもしれず、あるいはその興味が建築や土木技術関連の仕事に発展する可能性すらあります。おもちゃは子どもをだめにするとか、子どもの創造性を台無しにすると言う人もいますが、私はそれとは反対に、おもちゃは実際に創造性を刺激し、子どもにひらめきを与えるものだと思います。

実践テスト 2　解答例・訳

Writing Test

Question 1

解答例　Two women are working efficiently at a grocery store.

解答例・訳　2人の女性が食料品店で効率よく働いています。

Question 2

解答例　The man sits at the table and enjoys reading.

解答例・訳　男性はテーブルのところに座り、読むことを楽しみます。

Question 3

解答例　In a hotel room, two beds are next to each other, with a small nightstand in between them.

解答例・訳　ホテルの部屋に2つのベッドが並んであり、その間に小さなナイトテーブルがあります。

Question 4

解答例　The passengers will be waiting until the next train arrives.

解答例・訳　乗客たちは、次の列車が到着するまで待っているでしょう。

Question 5

解答例　Because he is planning to install new cabinets, the man is taking measurements in his kitchen.

解答例・訳　男性は新しい棚を設置するつもりなので、台所で寸法を測っています。

Question 6

Directions: メールを読みなさい。

差出人： NChung@RayeTelecomm.com
宛先： JRawls@RayeTelecomm.com
件名： アルゼンチン支社についての質問
送信日時： 7月16日　午前9:20

こんにちは、Jeffrey

アルゼンチンで働くことを楽しんでいるかと思います。私はニューヨーク支社から、あなたが働いている施設へ移ろうかと考えているところです。あなたの同僚についてと、そちらで働くのはどういった感じか私に教えてください。
よろしく。

Nathaniel

Directions: アルゼンチン支社で働いているつもりで、返信メールを書きなさい。メールの中では、情報を3つ書くこと。

解答例	解答例・訳
Hi Nathaniel, Well, you have reached out to the right person! I can share much about my experience of working at the office here in Argentina. First of all, the facilities are absolutely amazing. The building is new, and it is equipped with state-of-the-art technology. The most up-to-date computers are available, and there are new printers in every department. There is even a child-care center in the building for the young kids of employees. We have a fitness center, too. In terms of coworkers, you couldn't ask for a better group of people to work with. We all work well as a team, and we occasionally socialize outside of the office, too. About once a month we have a staff dinner at a nearby restaurant. In addition, the managers of every department are encouraging and supportive. The atmosphere is positive, and I know that everyone would welcome you to the new office just as they welcomed me last year. If you transfer to the Argentina office, I promise you won't be disappointed. Please keep me posted. Jeffrey	こんにちは、Nathaniel さて、適任者に連絡をとりましたね。ここアルゼンチン支社での勤務という私の体験について、たくさんのことをお伝えできると思います。 第一に、施設は最高にすばらしいです。建物は新しくて、最先端技術が備わっています。最新のコンピューターが使えて、すべての部署に新しいプリンターがあります。建物には、従業員の幼い子どもたちのための保育センターまであります。フィットネスセンターもあります。 同僚という点では、一緒に働くのにこれ以上理想的な人たちは求められません。私たち全員がチームとしてよく働き、ときには会社の外でも親睦を深めています。月に1度くらいは、近くのレストランで、従業員の夕食会を開きます。さらに、どの部署の部長も好意的で、協力的です。雰囲気は前向きで、昨年私を歓迎してくれたように、みんながあなたを新しい職場に歓迎することでしょう。 アルゼンチン支社に異動しても、失望することはないと保証します。また連絡してください。 Jeffrey

Question 7

Directions／Eメール・訳

Directions: メールを読みなさい。

差出人： Intercommunications Translators
宛先： 9月のお客様名簿
件名： 翻訳・通訳サービスへのご意見
送信日時： 10月4日　午後2：19

御社には先日、弊社の言語翻訳・通訳サービスをご利用いただきました。御社のご用命先として弊社を選んでいただき、ありがとうございます。弊社の翻訳・通訳者に関する体験についてぜひお聞かせいただきたいと思います。もし何か問題や、今後のためのご要望がありましたら、お知らせください。

Directions: あなたの会社が翻訳・通訳サービスを使用したつもりで、返信メールを書きなさい。メールの中では、情報を1つ書き、問題を1つ説明し、依頼を1つすること。

解答例	解答例・訳
To whom it may concern: Since we have several offices in Germany, we often need a translator who is fluent in both German and Japanese. Over the past two months, we have used Intercommunications Translators three times. On the first two occasions, the same person, Ingrid, provided the translation services. She was on time, friendly, and did an excellent job of translating for both parties. On the third occasion, however, a translator named Anders was sent to us. While he was perfectly pleasant and professional, he was clearly not as skilled in translation as Ingrid is. It cost us considerably more time, as Anders worked very slowly. We would like to request that from now on, our preferred translator, Ingrid, be sent to us each time. Should she be unavailable, please let us know so that we can reschedule meetings requiring translation. Thank you. Haruko Takeuchi	ご担当者様 弊社はドイツにいくつか支社があるので、ドイツ語と日本語の両方が流暢な通訳をしばしば必要とします。 過去2か月にわたって、Intercommunications Translatorsを3回利用しました。初めの2回は、Ingridという同じ方が通訳サービスを提供してくれました。彼女は時間を守り、親しみやすく、両当事者のためにすばらしい通訳の仕事をしてくれました。3回目はしかし、Andersという名前の通訳者の方が弊社に派遣されました。彼は申し分なく感じよくプロ意識もありましたが、明らかにIngridほど通訳に長けていませんでした。Andersの仕事が非常に遅いので、我々はかなり余分な時間を費やすことになりました。 今後は、弊社が希望する通訳者として毎回Ingridを派遣していただきたいと思います。万一彼女が来られない場合は、ご連絡ください。そうすることで、通訳を必要とする会議の予定を当方で変更できます。 よろしくお願いいたします。 Haruko Takeuchi

Question 8

解答例

In today's world, many believe that the best way to attract new business is to do so online. However, I disagree with the statement that advertising on the Internet is the best way for a company to attract new customers. There are two main situations in which advertising on the Internet would be virtually useless, and these two situations are fairly common.

First, while there are millions of people who use the Internet daily, there are still many millions of people who do not use the Internet regularly. For example, while some people read the news online, do their shopping online, and read blogs or watch online television for fun, others subscribe to print newspapers and magazines, prefer to do their shopping in stores, and spend their free time on other activities. If a company's target consumers happen to be in the latter category, then advertising on the Internet will be useless. Moreover, some regular Internet users visit only sites that are not sponsored by advertisements. In my work, for instance, I go online every day to communicate with clients and complete orders. However, none of the Web sites I visit have advertisements. So even those people who use the Internet daily may not actually be visiting the kinds of Web sites that have ads.

解答例・訳

現代では、多くの人が、新しい取引を引きつけるのに最善の方法はオンラインでそうすることだと考えています。しかし私は、会社にとってインターネット広告が新規顧客を引き付けるのに最善の方法だという意見に反対します。インターネット広告が実質的に使い物にならない2つの主な状況があり、これら2つの状況はかなりよくあります。

第一に、何百万もの人々が毎日インターネットを使う一方で、インターネットを定期的に使わない人々もまだ何百万もいます。例えば、オンラインでニュースを読み、オンラインで買い物をし、娯楽のためにオンラインのテレビを見たりブログを読んだりする人がいる一方で、紙媒体の新聞や雑誌を定期購読し、店舗で買い物をすることを好み、自由時間をほかの活動に費やす人もいます。会社が対象とする顧客がたまたま後者のカテゴリーにいたら、インターネット広告は役に立たないでしょう。さらに、インターネットをよく使う人々の中には、広告による出資を受けていないウェブサイトのみを閲覧する人もいます。例えば私は仕事で、顧客と連絡を取り、注文手続きを完了するために毎日オンラインに接続します。しかし、私が閲覧するウェブサイトは、広告を掲載しているものがひとつもありません。つまり、毎日インターネットを使う人でも、広告が載っているような種類のウェブサイトを実際は閲覧しない可能性があります。

The second situation is perhaps more common. Many people who use the Internet regularly simply ignore the ads. Users tend to have an adverse reaction to pop-up ads, flashy banners, and Web pages that appear automatically before a visitor is allowed to proceed to a site. Indeed, advertisements of those types are so ubiquitous that many people have been conditioned to react with annoyance before they even see what the content of a given ad is. They will then do whatever they can to get past the ad, or to make it disappear, without ever seeing what the advertiser wanted them to see. For advertisers, each time this happens it is as if they had just thrown money away. In those cases, when the ad forces the viewer to look at it for a designated amount of time before skipping it, the visitor is likely to be seriously annoyed and thus to associate negative feelings with the product being advertised. This has happened to me on more than one occasion, and I now will not buy those products.

As the two situations above indicate, advertising on the Internet is not the best way for a company to attract new customers. Companies should focus on understanding their target audiences and finding the best methods for reaching that particular audience, which might include using traditional media like print, radio, and television ads.

２つめの状況は、おそらくより一般的でしょう。インターネットを定期的に使う人々の多くは、単に広告を無視します。利用者はポップアップ広告や派手なバナー広告、それに、閲覧者があるサイトに接続できる前に自動的に表示されるウェブページに対して、拒絶反応を示す傾向があります。実際に、そういった種類の広告はかなりあちこちに現れ、多くの人々は表示された広告の内容を確認する前に不快感を示すようになってしまいました。その後、彼らは、広告主が彼らに見てほしいと思っているものを決して見ることなく、広告を避けたり、消したりするために、できることはどんなことでもするでしょう。広告主にとっては、このようなことが起こる度に、単にお金を捨てているようなものです。そういった場合、視聴者が広告をスキップする前に一定の時間見ることを強制されると、閲覧者はひどく不快な思いをする傾向があり、その結果、宣伝されている商品に否定的な感情を結び付けるようになります。これは何度も私の身に起こったことで、今ではそういった商品を買うつもりはありません。

上に述べた２つの状況が示すように、会社にとって、インターネット広告は新規顧客を引き付けるための最善の方法ではありません。会社は、対象とする顧客を理解することと、その特定の人々に到達する最善の方法を見つけることに集中すべきで、それには、印刷物やラジオ、テレビCMのような従来の媒体を使うことが含まれるかもしれません。

Unit 1 トライアルテスト　解答例・訳

（Unit 2 で解説していない設問）

Speaking Test

Question 2

 （英文はp.27でご確認ください。）

訳　Hartford地域センターの慈善夕食会にお越しいただき、ありがとうございます。ご存じのように、私たちは毎年、子どもたちの教育資金を調達するために集います。今夜この場にいらっしゃる皆様のご厚意のおかげで、私たちの地域の、聡明で若い才能ある学生たちに、新たなチャンスを与えることができるでしょう。

Question 4

（写真はp.i、p.29でご確認ください。）

I don't know what kind of room it is—maybe a lobby? There's a man sitting in the corner of the room. He's talking on his mobile phone. And some coffee or maybe tea machines are on top of a cabinet. Also, there's a big picture on the wall.

解答例・訳　これが何の部屋なのか分かりませんが、おそらくロビーでしょうか。部屋の隅に座っている男性がいます。彼は携帯電話で話をしています。それからキャビネットの上に、コーヒーマシンかおそらくはティーマシンがいくつかあります。また、壁には大きな絵があります。

Writing Test

Question 1

解答例　Some cups and spoons are on the table.
解答例・訳　いくつかのカップとスプーンがテーブルの上にあります。

Question 2

解答例　The man picks up a package of paper near the printer.
解答例・訳　男性はプリンターの近くで一束の紙を手に取ります。

Question 3

解答例　He will deliver those boxes by pushing them down the street on a cart.
解答例・訳　彼は、それらの箱をカートに乗せて押しながら通りを進んで、配達をするでしょう。

Question 5

解答例　The tourists check the map in order to find their way to the nearest hotel, restaurant, and train stop.
解答例・訳　観光客たちは最寄りのホテルやレストラン、列車の駅へ行く道を見つけるために地図を確認します。

Question 6

Directions: メールを読みなさい。

差出人： J.Cho@Pro-Tech.com
宛先： M.Smith@Accuserve.com
件名： 今度のスタッフ訪問
送信日時： 6月22日　午後4：05

Mikeへ

今度の合同事業について話し合うために、金曜日にあなたのオフィスへ行くことになっています。今までに一度もあなたの街に行ったことがないので、街を見物するために2、3日余分に滞在するつもりです。私が見るべきものについて何かお勧めはありますか。

よろしく。

Jung-Min

Directions: 返信メールを書きなさい。メールの中では、質問を1つと提案を2つすること。

解答例	解答例・訳
Hi Jung-Min, I'm happy to hear you are coming to the Tampa offices, and I look forward to meeting you in person. Will you be using the car-rental services that the company offers to employees? That would probably be the best way for you to get around the city. There are many fun things to see and do in and around the city. The first thing I would recommend would be a visit to Explorers Adventure Park. It's not only an excellent amusement park but also a very interesting and extensive zoo. Since you have a few extra days here, you could consider visiting one of the many beaches. If that interests you, I would recommend Madeira Beach or St. Petersburg Beach. Both of them are a short drive from the hotel where you will be staying. See you soon, Mike	こんにちは、Jung-Min 君がTampaのオフィスに来ると聞いてうれしいです。君に直接会えるのを楽しみにしています。会社が従業員に提供しているレンタカーのサービスを使うことになっていますか。街をまわるには、それが君にとっておそらく最善の方法でしょう。 街とその周辺には、見るべき楽しい観光スポットやアクティビティがたくさんあります。僕がまず勧めたいのは、Explorers Adventure Parkです。そこはすばらしい娯楽施設であるだけでなく、非常に興味深い大規模な動物園でもあります。 こちらで余分に2、3日あるということなので、たくさんあるビーチのうちのひとつを訪れることを考えてもいいかもしれません。もし興味があれば、MadeiraビーチかSt. Petersburgビーチをお勧めします。どちらも君が滞在することになっているホテルから車ですぐのところにあります。 ではまた。 Mike

公式 TOEIC® Speaking & Writing ワークブック

2021 年 12 月 25 日　第 1 版第 1 刷発行
2022 年 11 月 20 日　第 2 版第 1 刷発行
2023 年 11 月 10 日　第 2 版第 2 刷発行

著者：	ETS
編集協力：	株式会社 WIT HOUSE
本文 DTP：	榊デザインオフィス
表紙デザイン：	有限会社ダイテック
発行元：	一般財団法人 国際ビジネスコミュニケーション協会
	〒 100-0014
	東京都千代田区永田町 2-14-2
	山王グランドビル
	電話　(03) 5521-5935
印刷・製本	日経印刷株式会社

Printed in Japan
ISBN 978-4-906033-65-2